非凡奇幻 Fantasy

奇幻魔法系列

史上最强！女佣手记

2 人魔情缘

天上鬼◎著

安徽文艺出版社

图书在版编目（CIP）数据

史上最强！女佣手记.2.人魔情缘/天上鬼著.–合肥：安徽文艺出版社，2005.7

（非凡奇幻小说系列）

ISBN 7–5396–2590–2

Ⅰ.史… Ⅱ.天… Ⅲ.奇幻小说–中国–当代–Ⅳ.I247.5

中国版本图书馆CIP数据核字（2005）第075039号

史上最强！女佣手记 ② 温柔刺客

X–Fantasy 非凡奇幻小说系列

作　　者	天上鬼
责任编辑	路　扬
封面设计	领读工作室
印前制作	贾丽娟
出版发行	安徽文艺出版社 （合肥市金寨路381号） （邮政编码：230063） （网址：www.awpub.com）
经　　销	新华书店
印　　刷	北京兆成印刷有限公司
字　　数	100千字
插　　页	4
开　　本	880X1230　1/32
印　　张	6
版　　次	2005年7月第1版
印　　次	2005年7月第1次印刷
书　　号	ISBN7–5396–2590–2
定　　价	18.00元

内容介绍

史上最强！女佣手记2

伊莉莎无故卷入战争因而受重伤昏迷，醒来竟是人事全非，而且——她居然被指称是人见人怕的暗黑魔法师！这中间到底出了什么差错？各国正义之士会放过她吗？危机未解除，她的好心又用错地方，只是一个魔剑插地的小动作，竟使地下的死尸全部破土而出，不但造成大陆居民极大的恐慌，也使她的身份当场从女佣变成“祸害”！……

角色档案

史上最强！女佣手记2

伊莉莎

出生于雷索里王国的一个佣人家族。她奴性坚强，佣人技能一流。她的秘密武器是那张喋喋不休、让人窒息的“快嘴”。

莱因哈特

雷索里的四位大魔导师之一，他法力高强，亲切和蔼，是雷索里王国最受尊敬的魔法师。

小　奇

伊莉莎的远古顶级召唤兽，它拥有巨大的魔力，而且还能使用“奉献之心”使自己的主人复活。

莱沙蒙德

莱因哈特的魔法学徒。后来被“死之恐怖”控制，成为杀人不眨眼的恶魔。

梅尔院长

雷索里魔法学院的院长，法力高强，喜欢研究一些奇怪的物质。

角色档案

史上最强！女佣手记2

雷

雷索里魔法学院的学生，他擅长打探和传播各种八卦消息。

魔剑阿姆塔斯

魔王的兵器，举世无双的三大魔剑之一。

索罗斯

雷索里国王重臣阿尔麦大公爵最宠爱的儿子，魔法学院的学生管理代表。

乔得罗

暗黑大法师。两百年前曾经使用禁忌魔法“天魔磨灭”使雷索里差点亡国。

达　克

魔武双修的魔剑士。伊莉莎家隔壁的铁匠之子，和伊莉莎青梅竹马。

路　斯

莱恩斯王国大公主的爱慕者。

克瑞安娜

风系的高级魔法师，达克的女友。

格兰特

莱恩斯王国的三王子，玩世不恭的他在王室斗争中被打败。

莱　恩

格兰特的贴身保镖，后同大公主埃米莉私奔。

埃米莉

莱恩斯王国大公主。

烂菜街之花

伊莉莎的表姐，因为家里人不允许她进魔法学院学习，于是，反叛的她毅然离家出走。

特拉维帝斯大法师

魔法界泰斗，拥有强大的法力。

角色档案

史上最强！女佣手记2

伊利亚特

特拉维帝斯大法师的徒弟，机智灵巧，热心善良。

缇拉蒂娜

红炎城城主千金，一个调皮、任性的女孩。

吉　姆

虎背熊腰、肌肉发达，是雇佣兵团的团长。

目录

史上最强！女佣手记2

第三章　莱因司城　37

我顿时松了一口气，搞不懂这个格兰特为什么这么喜欢一边在别人耳边说话，一边往人家耳朵里吹气，弄得我的耳朵痒死了。真是个怪癖！总觉得我越有反应，他就越得意，我干脆转头看窗外，来个眼不见为净……他又在搞什么鬼？我迟疑地坐下，他却贴得很近地坐过来，也不等我闪开，就一把抓住我的手。要不是我知道他是王子，要什么类型的美女就有什么样的美女，而我又长得其貌不扬，我还真以为他会对我有"什么"呢！

第四章　偶遇表姐　57

她又说："天哪！我打你打得很痛吧？我……我真过分，做出这样的事，我也不奢求你的原谅，只求你能给我一个机会，为我犯下的错赎罪，任何事都行！哪怕是要我的命，我也毫无怨言！"顿时，所有的人连忙安慰她，脸上都出现心疼和不忍的表情。竟然一字不差？我张大嘴巴呆呆地看着她。没错了！这正是表姐背得滚瓜烂熟的第十一号方案！虽然她离家多年，可是这手法、这演技，除了我那摒弃佣人工作、以迷尽天下男人为己任的表姐，天底下没有人做得到。

第五章　皇室纷争　73

我气鼓鼓地瞪着他，没想到他卑鄙归卑鄙，感觉倒是惊人的敏锐。我心惊胆战地看着他停下对梅耶姐的挑逗，盯着我这边的烛火好半晌，然后微微一笑，伸指一弹，我的眼前又黑掉了！不用说，肯定是那个奸诈王子把烛火熄灭了。我有意识地隐藏在火元素中，竟然也会被他发觉，这个人的厉害恐怕和老大有得拼……烦恼只剩下一个——失忆。我的心情蓦地轻松起来，嘿嘿，有我的魔法相助再加上莱恩高强的剑术，他们逃走的成功几率还是不小的。不过这么一来，雇主潜逃不就意味着我又失业了？

大家都没看清楚过程是怎么回事，我回头想问厉害的老大，却看见他怔怔地盯着一个方向，我顺势看去。哇！仙女！只见一个蒙着面的白衣少女正姿态优雅地抚平被风吹乱的长发，虽然她只露出双眼，可是世间的一切美好仿佛都蕴藏在那波光潋滟的双眸中，她的风姿，她的仪态，迷倒了在场的所有人，可是我只在乎她一尘不染的衣着。按理说，出门在外总会有一些风沙，可是她在那里站了那么久居然洁白异常，真是厉害！哪个女佣的杰作？真想向她学会这门技巧，不过她似乎朝这边狠狠瞪了一眼，老大才如梦初醒地收回目光。

还没等我辩解，大法师已发出一股强大到令人恐惧的魔法气息，我的心脏顿时猛烈收缩，好难受！这就是魔法界泰斗的实力！不，可能还不到他真正力量的十分之一。体内那股力量就像遇到强敌一般兴奋地想破体而出。怎么回事？心底深处似乎传来兽类的吼声……大法师先生缓缓地说：“我的结论就是，三年前你受伤的时候，心脏已经停止了跳动，其实现在在你身体里代替你的心脏跳动的是‘奉献之心’，意思就是牺牲自己的生命，把跳动的心脏奉献给别人。这是只有忠心护主的顶级召唤兽才能做到的事，小姑娘，恐怕你的召唤兽已经死了。”

无论如何，私奔的莱因司大公主出现在这里总是令人惊讶，更别说她会认不出自己的亲弟弟，这几个似乎想遮掩格兰特身份不让人发现的人，如我所愿地吓了一跳，吃惊地望向我所指的方向。我赶紧抓住机会用女佣特训出来的眼力和腕力快速无比地一把“钳住”那疑似格兰特的人之手拉了过来。

那些吓破了胆的人和魔族发现了我的异状，都战战兢兢地停了下来，那个剩下的魔族可能认为这是惟一的反击机会，可惜还没冲到眼前就被魔剑砍倒了；让我震惊的是，魔族竟然会有这么悲壮而满怀希望的表情，这是我从没想过的事，魔族也会像人类一样充满感情。

第7章

“死之恐怖”

我和路斯大张着嘴，看着“死之恐怖”杀人如切菜般容易，魔法攻击和物理攻击最多只能在他身上留下淡淡的痕迹；最可恶的是，他明明可以一下子砍断这个人的头，却偏偏技巧地只砍到喉管，好让这个人还能在喉管断裂下呼吸挣扎，然后慢慢死去。看着这个人由于呼吸而在喉管断裂处形成的血气泡，他显得异常地高兴，而那个人完完全全是死在恐怖中的。原来这就是人们叫他“死之恐怖”的原因。

第一章 “死之恐怖”

如果说这世界上有神的话，我真不知道是应该感谢他还是掐死他！

就在我高高兴兴地跟着路斯找到路斯的伙伴们，满心期待要和新伙伴一起出发对付“死之恐怖”时，却惊讶地在这一群拥有众多帅哥美女的团体中，看到了同样惊诧莫名的达克，而且这个不久前才向我告白过的家伙居然还状甚亲密地搂着一个少女的腰。

当我脱口而出喊“达克”时，心中真是百味杂陈，既有重逢的喜悦，又有点酸酸苦苦的失落。唉！我到底是怎么了？

路斯惊讶地看着我，“你认识我们的武器制造师？”

一个英俊不凡的少年还戏谑地搭上达克的肩。

“你的第二号女朋友？”

可是达克却没有他想像中激动的反应，径自

呆呆地看着我，完全没有注意到旁边那个明眸皓齿的少女杀人似的目光。

现场的气氛顿时有些尴尬，一个有着少见紫色眼睛的少年——按老妈的标准来看应该是顶级帅哥——用领导者的语气询问：“路斯，这是怎么回事？”

路斯连忙把经过说了一遍。

紫眸少年沉吟一下，严肃地看着我。“由于这件事非常危险，我不得不问两句不好听的话。你有能力保护自己吗？有自信不拖累别人吗？”

确实，这两句话对一个执行危险任务的队伍来说是生死攸关的问题，一个不自量力的成员，不但使自己陷于危险之中，还可能把别的成员拖下水，造成不必要的伤亡；更有人认为对一个领导者来说，最可怕的不是敌人，而是自己人。这话虽有些偏颇，但在某些情况下却很有道理。

我想想，我拥有一把“好像”很强的魔剑，还会得自乔得罗先生亲传“据说”很恐怖的魔法，刚刚学会的、“应该”很厉害的、有时灵有时不灵的元素之力，再不行，我还有召唤兽做帮凶；可是一想到上次战场上的失败，要不是马纳塞斯先生，我这条小命就便宜地送给死神了。

如此算来，我也不是很肯定地说：“可

能……也许……我应该挺强的吧！”

看到众人不信任的眼神，我马上转变态度。“不，我很强！我有自信能帮上你们很‘大’的忙，真的！‘完全’不用担心！”

对于我加了重音的词，本来也是大家最不相信的重点，可是在路斯拍胸脯保证之下，“真是的！还要我偷偷掐了他一把，他才反应过来替我说话。”

紫眸少年（已经确定是那个厉害无比的老大身份）用一种捉弄人的口气说：“好吧，就让她加入。路斯，这可是看在你的面子上哦！既然你这么肯定她有这个实力，出了什么事，那就是你的责任了。”

紫眸少年促狭地笑了笑，“为了你的‘责任’，努力吧！”

路斯好像很头大似的指着大家一副看好戏的样子，说：

“你也看到了！拜托你千万不要出状况！”

噢！路斯，谢谢你为我挺身而出！我一定会好好做，不让你为难的！

我很有决心地对他说：“你放心，我一定会好好保护你的！”

听到周围发出许多极力掩饰的质疑声，路斯

一脸死定了的表情，发出极为哀怨的叫声：

“算我求你！你就‘勉为其难’地‘让’小的保护你吧！”

在众人的笑闹声中，达克身边的少女大大方方地走过来，“你别理这些无聊的男子，我们女生有女生的世界。来，我带你去认识队里的女性成员。”

我看着她温柔的笑脸，其实很怀疑她在喊我时心里在淌血。为什么她要故作大方呢？真有些搞不懂！

因为“死之恐怖”移动很快，所以大家一得到路斯的消息就马上要出发，那个叫克里安娜的少女是风系的高级魔法师，这么年轻就修到高级魔法师，足可证明她的实力坚强；最令我吃惊的是，达克居然也是这队伍中几个魔剑士中的一员。要知道，想成为魔剑士就必须魔武双修，所以不是人人都能练的；我跟他青梅竹马那么多年，一直以为他只是个普通铁匠的儿子，没想到他竟然深藏不露。

没时间想这些了，路斯已经急得跳脚了。当他硬塞给我一把护身短剑时，我很想说我自己有武器，可惜他根本没时间听就拉着我出发了。

唉！这些人为什么这么小看我呢？就算我的

魔法不行，我的佣人技巧可是千真万确的出类拔萃，等任务完成回来，我一定教他们见识一下！

根据路斯的情报，“死之恐怖”的临时巢穴很可能就是这个山洞，可是当我们赶到时，却发现这里早已挤满了人，进都进不去。

搞什么？这里是旅游胜地吗？

只见最外面的一个老兄很不耐烦地瞪了我们一眼。

“没看见这里人满为患了吗？你们来晚了，别想有位置杀‘死之恐怖’！回去吧！”

这么多队伍都是来消灭“死之恐怖”的？而且还多得要排队？

看着眼前的夸张场面，紫眸少年目瞪口呆地叹口气。

“没想到‘死之恐怖’这么抢手！路斯，你的情报太慢了。”

众人都长吁短叹，看眼前的情况，什么也不能做，我们是来得最晚的这一队，惟一能做的似乎就是当个眼睁睁地看着别人杀“死之恐怖”的现场观众了。

在这种无所事事的情况下，我的女佣习惯又犯了，嗯……做观众的话，坐的位子要舒服要好，看到精彩片段时还要有零食准备；当然，周围环境也得干净整洁。想到这里，我才发现不知何时我已经动起手来了，众人呆若木鸡地看着我，一副“这种时候她还在做这种事”的不可思议表情。

路斯一脸快晕倒地拉住我，“我们是来杀‘死之恐怖’的，不是来野餐的。快住手！我会被老大杀死的！”

虽然不知道我为大家服务与路斯的小命有什么关系，但看他说得这么可怜，我还是待会儿再做吧！

对了，现在正是个好机会！我拉住松了口气的路斯问着从我重伤以来就一直很想问的问题。

“路斯，你知道利马的侵略战争怎样了吗？雷索里有没有事？”

路斯一脸“我在逗他”的表情，“你在开玩笑吧？雷索里早在三年前就灭亡了，这事你不会不知道吧？”

雷索里灭亡了？还是在三年前？怎么回事？我被驱逐出王城才是不久前的事，怎么会有这么大的时间差？

一时间，我怀疑路斯是在开玩笑吓唬我，可是当我看见周围的人都赞同路斯的说法时，我突

然有种不好的想法——我该不会失掉了三年的记忆吧？

一想到这个想法有可能是事实，我就全身冒冷汗：

如果这件事是真的，那我在这三年的空白里做过什么？见过什么人？可是想来想去，我的回忆除了空白，还是空白！惨了！

从重伤昏迷中醒来一个月，却发现山河已改，人事已非！呜呜！我的祖国、我的家、我的亲朋好友、我生活过的地方、我的回忆……全都……

我很想放声大哭，哀悼逝去的往日，却有人拍拍我的肩，是一直避着我的达克。

达克感同身受地哭着，“利马大军攻进城来，我……我的父亲也……”

哦，可怜的达克！老天真不公平！达克的父亲是个好人，他独自抚养达克，工作勤奋，对亡妻念念不忘，一直没有续弦。老妈曾经说过，如果是在二十年前，她一定会倒追他，因为世上这样的好男人已经快要绝种了；所以她要我记住，一旦遇到这样的男人绝对不要放过。当时老妈握紧拳头，好像要把世间的好男人统统据为己有的恐怖表情仍然活跃在我的记忆中。

一想起老妈，我就悲从中来，呜呜……老妈，你现在在哪里？到底是生是死？可是看到达克对他父亲的死这么悲痛——眼泪鼻涕直流，真的哭得很难看——我怎么能在这时候问他关于老妈的问题，勾起他的伤心事呢？

我只能含着泪，把迫不及待要问的话吞回肚子里，拍着他的背安慰他，“伯父忘不了伯母，一直郁郁寡欢，现在他终于能和伯母团聚，相信他在天上会过得很幸福……达克，别伤心了，你想想看，在你的记忆中，你看到伯父笑过几次？”

达克想了想，止住哭泣，摇摇头。

我拍了拍他，把手帕拿出来给他擦眼泪，却在无意中看见克里安娜哀怨地看着这边，这才后知后觉地发现我忘了避嫌。

妈呀！我连忙把这个烫手山芋推开，也不管还搞不清楚状况的达克，就急急走避十米开外。这样的距离应该没问题了吧？

避开众人好笑的目光，我看向山洞周围埋伏的人山人海。

路斯喃喃自语道：“奇怪，这么久了，‘死之恐怖’还不出现，该不会发现我们这么多人，

逃了吧？”

不，魔族一向看不起人类，怎么会逃走？我正想转头反驳他，却看到一件令我从头凉到脚的事：在守住洞口的其中一队人中，“莱沙蒙德”正冷冷地笑着！

我只有一个念头“不好！”，我正想出声警告大家，忽然想起战场上的惨痛教训，连忙先把魔剑拿出来，做好战斗准备，才跑到老大那里。

“我看见‘死之恐怖’了。”

老大面色凝重地压低声音道：

“在哪里？”

受他感染，我也悄悄地指着“莱沙蒙德”的方向，“就是他！”

显然这里没有人见过这个魔物的人形，老大虽然有些疑惑为什么那个模样的人会是“死之恐怖”，仍然选择相信我。

不愧是英明的老大！

他不动声色地召集全体成员，“我们不要打草惊蛇，悄悄地包抄过去，出其不意，攻其不备。现在立刻行动！”

大家分配好工作就分头行事。

本来我还很期待自己在围剿“死之恐怖”时

分配到什么像样的工作，现在我知道了，我的工作就是——陪路斯在大树下乘凉，而路斯的工作则是陪我聊天。这其实就是变相地派路斯原地保护我！

这么不相信我的能力，真让人泄气！

路斯无精打采地坐着，我则很快地恢复过来，本来就对这方面没什么兴趣，我惟一有兴趣的是干女佣工作，现在反对的人都不在了，我马上兴致勃勃地把刚才没来得及弄完的全部重新拿出来。

受到蘑菇所做的小点心引诱的路斯（他好像很喜欢吃蘑菇做的东西）也抛开“灰色”的情绪，开始享受“在大树底下乘凉”的惬意。

我们一边吃零食，一边对战况加以评论，尽职地扮演好现场观众的角色。

“路斯，那个使飞刀的好厉害，一下子就偷袭成功了。”

“唔唔……他叫班德拉，原本是一名瞬间要人命的暗杀者。据说，他在那一行很有名，后来被老大收服，才成为我们的同伴，他的暗杀术可是一流的。”

“克里安娜的螺旋风阵把‘死之恐怖’刮得遍体鳞伤，没见过这样的风阵！”

“这是她的必杀绝招‘风漩涡术’，不但以最具威力的螺旋方式高速转动，里面还有另一个反向旋转的螺旋风，外部和内部的间隔还暗藏着风刃，被卷进去有什么后果，你可以自行想像。”

说说评评半天，别的队伍不甘被我们抢先，全都一窝蜂地冲了上去。

我叹为观止地看着众人出尽绝招，各种兵器、各种魔法都往“死之恐怖”身上招呼，虽然魔族具有号称仅次于龙的魔法防御力，但是在这样猛烈频繁的攻击下，而且还被偷袭在先，终于不支倒地了。

众人一致欢呼，均以为大功告成了。

没想到“莱沙蒙德”的外表开始脱落，一只浑身漆黑的魔物像蜕皮似的从他的躯体中站起来，怪笑道：

“愚蠢的人类，别以为魔族这么容易就被打败，刚才的那个外形只能发挥我力量的十分之一，这才是我真正的原形，也是我真正的百分之百力量。弱小的小虫子们，真正的战斗现在才开始。受死吧！”

我和路斯大张着嘴，看着“死之恐怖”杀人如切菜般容易，魔法攻击和物理攻击最多只能在他身上留下淡淡的痕迹；最可恶的是，他明明可以一下子砍断这个人的头，却偏偏技巧地只砍到喉管，好让这个人还能在喉管断裂下呼吸挣扎，然后慢慢死去。看着这个人由于呼吸而在喉管断裂处形成的血气泡，他显得异常地高兴，而那个人完完全全是死在恐怖中的。原来这就是人们叫他“死之恐怖”的原因。

这一幕，不仅对战斗中的人是一种残酷的折磨，对旁观的人也是一种无法忍受的冲击。路斯已经吐到不能再吐，我也觉得恶心，可是却没有想吐的感觉……呃，可能是不想浪费食物的女佣之心太坚强了吧！

路斯以手遮脸地叹道：“这就是魔族的力量吗？人类太渺小了，单单一个魔物，我们这么多高手和精英都对付不了，还谈什么拯救人类？老大啊，我恐怕没有信心实践我们的誓言了，差距实在太大……太大……”

魔族太强了，连路斯都失去了信心，战斗的人已经挂掉了一大半。我该不该不管三七二十一，熊熊地给它冲过去呢？可是，我只是个女佣呀，做还是不做？

“死之恐怖”在人类众多高手中见一个杀一个，犹如进入无人之境。实力决定一切，魔族与

人类的差距太大了！谁想白白送命呢？人群开始四处逃窜。

“死之恐怖”所到之处，人们犹如潮水般退去，可是他们后退的速度远远比不上魔物前进的速度，在此起彼落的凄厉惨叫声中，地上堆积起一具具惨不忍睹的尸体，每一具的脸上都残留着在死亡中挣扎的恐惧，这里顿时变成了血流成河的地狱。

路斯坚决地站起来，“我不能再坐在这里了，我的同伴们处境很危险，我要去帮他们！你留在这里，不，还是快点逃吧！留在这里更危险……不要阻止我！我不能丢下我的朋友不管，所以明知会死，我也要和他们一起战斗！”

他一厢情愿地说完，就勇猛地冲了过去，完全没注意到我大张着嘴巴呆若木鸡的表情。搞什么？我只是想赞扬你重情重义，谁要阻止你了？这个路斯，眼睛看到哪里去了？再说，我从小到大的好朋友达克也在那些战斗的人中呀，我也要去帮他！不过，得等我收拾完野餐盒再去。

（作者：生死关头，还死性不改！“猪脚”呀，你实在……）

我刚收完东西，眼睛余光就看见达克他们那一群人正面对面地与“死之恐怖”交手，而为了保护克里安娜，达克受伤了！虽然他从小帮他老爸干铁匠活，练出一身的“铜皮铁骨”，受了魔物的一击，伤势虽不致于致命，却也深可见骨。

克里安娜又是心疼又是感动地哭着，在魔物正想再补上一击时，她毫不犹豫地挡在他面前。看见这两个人不惜牺牲生命保护对方的情深义重，我感到一点淡淡的不快（奇怪，我应该替达克感到高兴才对呀！），同时，更多的愤怒无法遏止地涌出。可恶的魔物，竟敢伤害我的朋友！我饶不了你！

说时迟那时快，眼看克里安娜就要丧生在魔物的爪下，突然从一旁伸出一把剑，挡住魔物的一击！

是路斯，他及时赶到了！所有人都松了一口气，我却有一种直觉，魔族不会这么容易就被挡住的。

身体不由自主地动了，有种奇怪的感觉，似乎身体比我的大脑更快地做出判断，一股源源不绝的力量从体内深处奔涌而出……怎……怎么回事？我的手、我的脚自己动了，还有模有样地使出招式！我记得自己除了“不务正业”地学过魔法之外，没有学过武学呀。

不容我细想，“死之恐怖”残忍地一笑，微一使劲，只听清脆的锵一声，路斯的剑竟然就这么断了。

魔物攻势不变直接攻向松懈下来的克里安娜，一切都发生在瞬间！

变化太快了，众人都措手不及！

本来我以为只有我及时反应过来，等攻到“死之恐怖”面前时，却发现还有一个人也和我一样看穿了魔物的举动，是老大！不过，他显然比我更惊讶。哈哈，这下应该不会再看轻我了吧？免得老是叫我坐冷板凳！哼，知道了吧，就算不让我出场，我也是超级候补！

完全不受控制的手握着魔剑突然摆了一个奇怪的姿势，我的手想干什么？

魔剑突然发出超越从前的强大力量，我惊讶地发现，一直以来都表现出“比你们人类强大”的优越感的“死之恐怖”，竟然也会出现害怕的表情。

单单一个奇怪的姿势，就能使魔剑散发出令众多高手闻风丧胆的“死之恐怖”也感到害怕的威力？我想我的身体也许比我的大脑还要来得有智慧也说不定。到底我的身体发生了什么事？

现在不是想这些事的时候，一直占上风的

"死之恐怖"居然想不开要逃跑。他不是不留活口的吗?

老大喊道:

"可恶的'死之恐怖',你杀了我的朋友,还害死这么多人,我绝不会放过你!"

原来老大和他还有这种恩怨!难怪老大这么恨他!

既然老大都放了狠话,我当然也要说上两句应应景。

"对!你杀死这么多人,留下这么多尸体就想走?连小孩子都知道不要随地乱丢垃圾,你制造这么多'垃圾',不但污染环境,也不卫生,至少也该打扫一下再走!太没公德心了!"

说完,我奇怪地看见在前面高速奔跑的"死之恐怖"踉跄了一下,就连老大急追的身影也歪了歪,虽然不知道怎么回事,可是我很高兴他们的速度都慢下来。这是个大好机会!我超过了老大,和魔物的距离越来越近。

是呀,就是有这种人,给我们女佣的工作带来多少麻烦。

"你知不知道你这样做给我的工作增添了多少困难?每次都不负责任地丢下这么多死尸,会招来多少苍蝇?而且尸体放久了,不但会发出臭

味，还会繁殖细菌；再说，这么血腥的场面不小心让十八岁以下未成年人看到了，是多么大的视觉伤害和心灵伤害呀！有你这种人，我看魔界一定是乱糟糟得像个垃圾场。如果你们的生活环境不好，一定是你这种人造成的！‘死之恐怖’，你是城市绿化建设的破坏者！环境保护的公敌！未成年人教育的罪人！”

我越说越气愤，完全没注意到众人呆若木鸡的表情。

也可能是我的叫声太大了以致于被吓到，“死之恐怖”在狠狠地跌了一跤之后停下来。

我大喜，连忙赶上去说：“你肯停下来听我说？太好了！我就先跟你说明一下环保与社会，还有经济发展的关系，再给你讲公民与道德……”

话没说完，“死之恐怖”已经青筋直冒，大叫道：

“住口！说了半天，你是想叫我杀了人之后，还要把他们的尸体放到太平间吗？”

哇！举一反三，魔族的理解力真不是盖的！我忙不迭地点头。

“没错，就是这样！你真上道！”

“死之恐怖”脸上一阵青一阵白，指着我的

手也瑟瑟发抖。“开什么玩笑！我知道你的魔剑有杀死我的能力，可是魔族宁愿死，也不要被别人要！”

什么跟什么？我一头雾水地看着他视死如归地向我攻来，搞不懂他为什么这么大反应，可是我的身体已经自己动了，仿佛一遇到攻击就会自动反击；电光石火间，魔剑笼罩着一股黑雾，划过一个奇妙的弧度，割断了“死之恐怖”的喉咙，无数魔法和兵器也不能杀死的魔物，在喷出一股血之后，终于倒下了。

老大目瞪口呆地走上前，却面色一变，如临大敌地拔出武器道。

“快把那把剑收起来，否则我不保证不会攻击你！”

为什么？有什么好紧张的？我又不会攻击你！我有点为蒙受不白之冤的魔剑先生抱不平，慢吞吞地收起魔剑。

老大这才松了一口气，上前检查魔物的尸体，“一击毙命”。

人群爆出一阵阵欢呼，危害达三年之久的“死之恐怖”终于被消灭，人人相拥，喜极而泣。这个大魔头，孤身来到人界，死的时候还没有人知道他真正的名字，只知道他的外号——

"死之恐怖"。

不过，在不久之后，他的名字将会传遍整个大陆。

我呆呆地看着魔物的伤口，心里只有一个念头：我这些奇怪的举动，一定跟我不知道的这三年有关，我一定要找出答案。我要知道我那逝去的日子究竟发生了什么事！

美艳夫人（东之大陆最性感的女性）

万众瞩目之下，两个眉施粉黛、面若桃花的女子先行而来，在地上铺起长长的红毯。接着，在几个气质高雅的美貌侍女簇拥下，一辆香气扑鼻的花车缓缓驶来。一看到车上的佳人，人群顿时沸腾了。

第2章

美艳夫人

只见落英缤纷，空中下起了花瓣雨，人群又惊讶又着迷地看着，除了魔法，我想不出其他能办到这一点的方法。真是大惊小怪！东之大陆的人不会都没见识过魔法吧？唉！东之大陆就是东之大陆，魔法知识真落后；不过这跟一个女佣没关系，我继续看戏。万众瞩目之下，两个眉施粉黛、面若桃花的女子先行而来，在地上铺起长长的红毯。接着，在几个气质高雅的美貌侍女簇拥下，一辆香气扑鼻的花车缓缓驶来。一看到车上的佳人，人群顿时沸腾了。

第二章 美艳夫人

我们除掉了“死之恐怖”，再加上老大好像颇有名气，有不少人脱离了自己的团队，转而跟随我们。

从山洞回到我们的临时落脚处，众人看我的眼光一直充满着惊讶和不信。

一个似乎原本就和老大相识的、脸上有刀疤的中年叔叔，好像是从有名的一个团队跟过来的，扯过老大问。

“喂喂，奥菲斯，你没搞错吧？杀死‘死之恐怖’的就是那边那个擦桌子擦得好像很快乐的小姑娘？”

奥菲斯也哭笑不得地说：

“看到她这个样子，我也不相信，可是事实如此，我有什么办法？”

这时，我已经擦完桌子，正转移阵地擦窗子，只听到那个刀疤叔叔用疑惑的语气说：

“我还是不相信！对了，从刚才我就觉得很

纳闷，这个小姑娘好像一直都在做家务，不是擦来擦去，就是扫地洗衣服，不过她擦窗子的速度还真快呀！这就擦完了……她朝这边走过来了，是不是听到我们不相信她的能力的话，生气啦？喂，老弟，待会儿你可得帮帮我，我最怕女人的眼泪了……

“哦哦哦！她的按摩技术真高明！已经记不得有多少年没有这么放松过了，真舒服！老弟，我可警告你，这么好的女孩子，你可不能欺负她。”

就这样，又一个人被我征服了！这已经是第几个这么警告老大的人了？我不记得，我只记得老大无数次翻白眼，嘴里喃喃着“没天理”的表情。哇哈哈哈！

在众人“世上怎么有这种人”的眼光下，我一口气干完全部的活，然后向大家辞行。

路斯跳起来大叫道：“你要去寻找三年的记忆？既然这样，为什么要走？让大家帮你一起找不是更好吗？”

听他这么说，好像也有道理，如果大家都愿意帮忙的话，应该比我一个人单独行动强；不过，我还想起一件非常重要的事——我正失业中，如果……

此时众人异口同声地说要雇用我，好，决定了！就留下来吧！不知道是不是我眼花，许多人都包含着“可以过上好生活了”的意味悄悄地笑着。

路斯更是眼眶含泪地感谢上天，“美味的蘑菇大餐，我来了！”

我看着惴惴不安的达克，一时间不知道说什么才好。

于是在花园的隐蔽角落里，达克又问了我那个问题——

“伊利莎，三年前我向你表明我的心意，虽然你没有回答我，可是当时你的落荒而逃已经让我明白你的心情了；后来战争爆发，我父亲也被杀死……在我穷困潦倒的时候，克里安娜出现了，是她给我温暖。现在事过境迁，可是我心中总有个疙瘩，还是想亲耳听听你的回答，这样，我才可以了却一桩心事，因为……你是我的初恋，如果你能明白我的心情，请你认真地回答我。你是喜欢我还是喜欢那个叫克拉德的家伙？”

什么？他怎么问这种问题？我的脸倏地红了，那么的烫，我都怀疑是不是烧起来了。可是在这种问题上我一向懵懵懂懂，连我自己都不清楚这个问题的答案，教我怎么回答嘛？

我手足无措了半天，最后还是决定至少说点什么。

“呃，你知道，我们从小一块儿打打闹闹玩到大，所以一想到我们变成情侣的样子……我就觉得很可笑。”

这时，我偷偷瞥见达克的古怪表情，我决定忽略心跳如擂鼓的紧张，鼓起勇气一口气说完：“不过，我不想失去你这个朋友！你能不能答应我，你和克里安娜在一起之后，不要变成我不熟悉的达克？

“不明白？呃……我是说，现在我只有你这么一个老朋友，可是当我看见你和她谈情说爱时，我就觉得你已经不是以前那个和我玩笑打闹的达克了，我觉得很寂寞，一切都改变了；我见不到老妈，见不到其他的朋友，见不到雷索里……呜呜！我也不知道自己是怎么了？”说到伤心处，我就忍不住泪水盈眶。

达克拍拍我，“我想我明白你的意思了。你还停留在过去，害怕改变。伊利莎，事情已经过去三年，你也该长大了；我们不可能永远停留在原地踏步，不过你放心，我们永远都是青梅竹马

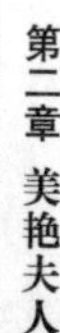

的好朋友！”

达克温暖的笑容奇异地使我心中一直存在的不快烟消云散，我深吸一口气，觉得轻松了不少。

“达克，你真是个好人！对了，你知不知道我妈她怎样了？”

我屏声静气地担心会听到我不想听的答案，却见达克像想起什么好笑的事般突然大笑。

“一把你赶出家门，伯母……伯母就说碍事的家伙不在了，她也该去寻找她的春天！然后她就……就送走你家的老人，包袱款款，潇洒地去寻找‘第二春’了。所以你放心，你们家的人一点事都没有……哈哈哈哈！”

他断断续续地好不容易说完，就忍不住放声大笑，一点面子都不给。

真是家门不幸！

看着达克强忍也忍不住的笑意，我丢脸地胡乱找个借口离开，心里觉得为老妈担心得睡不着觉的自己真是白痴。

话说回来，要找回失去的记忆，首先就要找到马纳塞斯先生。他是最后一个见过这三年中我所不知道的自己的人，它一定能告诉我在我身上发生了什么事。

对了！我突然想起还有一个线索，那就是与主人有心灵感应的召唤兽，它一定能感应到我这三年中发生的变化！

呜呜！小奇，这么久都不出场，你到哪里去了？

我连忙召唤小奇，可是没有响应。怎么回事？

我又试了好几遍，都毫无效果。小奇！你到底怎么了？出了什么事？我好担心你呀！

我就这样忧心忡忡地跟着大家上路，一点都不知道一直以来我脚下的这片土地根本不在西之大陆上，从苏醒以来，我所踏过的每一个地方都是东之大陆的一部分。

直到一个叫帕拿姆的弓箭手说："哇！前面就是奇石城了，我终于可以有机会一睹东之大陆最性感的女人——美艳夫人的芳容！我的心情真的很兴奋。"

呃？等等，你说东之大陆？我这才知道这一事实！

到底我这三年在搞什么鬼？怎么会从西之大陆跑到东之大陆来？难道说东之大陆的工作机会比较多？

百思不得其解的我跟着大家走在奇石城繁华

的街道上，突然听到一个熟悉的声音说——

“你们知道吗？听说从来没有听过爱上什么人的美艳夫人最近和一个不知名男子坠入爱河了。”

哗！

一大堆人立刻围上去，七嘴八舌地问他问题，就连我们队伍中的男士也过去了好几个。

一定是他！没想到会在这陌生的地方遇见他！我激动得无法言语，他乡遇故知的感觉就是如此吧！

终于又遇到一个昔日的朋友了，有着共同回忆的伙伴，也是一起在魔法学院上学的朋友；他所代表的是已经不存在的雷索里的生活回忆，我怀念的故乡雷索里呀……

我迫不及待地冲进人群，站在中间那个兴致勃勃地传播着小道消息的少年，虽然长高了，肩膀变宽了，脸上的轮廓变了，声音也变了，但是我还是认出了他——

雷，果然是雷！

在我和雷引起行人侧目的感人重逢场面（作者：就是两个人眼眶含泪地张开双臂，慢动作地跑向对方，夸张地喊对方的名字，四周还有闪闪发亮的星星……）之后，我把雷介绍给这个队伍的成员。

哇！看雷如数家珍地说出每一个人的来历和做过的最出名的事，原来几乎每一个成员都是大有来历的高手；特别是介绍到老大时，雷的眼中更是迸射出强烈的光芒。

“天哪！您就是现在大陆上的风云人物，传说中的神秘高手奥菲斯？我……我真是何其有幸，您的丰功伟业真是令世人敬佩！比如，您第一次出道时，独自一人消灭了大陆极恶人物排行榜第一名的‘诺特利强盗团’；您还拯救了濒临破产的大陆商业联盟之一的‘边境商人联盟’等事迹……真是多不胜数！小弟对您佩服得五体投地，很想效法您做一番大事。能不能告诉小弟您的喜好、理想和身高，当然，若是您不介意的话，透露一下三围就更好了。”

三围？众人用难以置信的眼光看着无地自容的我，我连忙把这个还死赖不走、丢人现眼的家伙拉到一旁。

“这样吧，你先回去，告诉我你的住址，待会儿我过去找你，我们再慢慢聊。放心，你要的数据我会告诉你的！”

雷斜睨了我一眼，“我知道你在想什么，因为你的脸根本藏不住心事，不过你不要忘了，在

这个世界上，如果你们家的人自称怪人第二的话，我敢说没有人敢称第一！”

呃……我真的很想反驳，可是却无话可说。

我和雷正在谈话时，街上突然骚动起来，无论老少，只要是男的，都像在地上看到一百万金币一样拼命地挤在一起。一个年纪很大的老爷爷还情绪激昂地用拐杖赶走挤在他前面的年轻人。

真是威猛！我叹为观止地看着这连士兵都必须出动来维持治安的暴动场面，旁边的雷猛地一拍大腿。

“没错了！一定是这样！大陆最性感的女人要来了！”

搞什么？一听到这句话，本来还在看热闹的队员们立刻像箭一样冲了出去，更夸张的是连一些女性队员也跟了过去，难道她们也是美艳夫人的Fans?

雷一副“你没知识”的样子看着我，“美艳夫人的艳名传遍整个东之大陆，据说，只要见过她的人，都会成为她的裙下之臣；而美艳夫人一向对追求者若即若离，即便是一国之君亲至，她也一视同仁。男人对她趋之若鹜，当她出现时，女人怎么会放心让男人看见她呢？当然得跟去看紧点。至于那些还没有心上人的姑娘，也是本着好奇和一较高低的心思去见识一下最有魅力的同性。亏你整天女人女人地说自己，却一点都不懂女人的心思，你这女人当得可真失败。”

可恶！我怎么不像女人啦？听他一副我还称不上女人，别老是以为自己很成熟的语气，我就火大！

正想反驳他，被士兵拦在道路两旁的人群突然激动地想突破士兵的阻拦不要命地往前冲，场面顿时变得带有火药味起来，我大开眼界地看着这媲美偶像团体出巡的一幕，对造成这一切的美艳夫人有一点期待，她一定是个倾城倾国的绝色美人吧！

只见落英缤纷，空中下起了花瓣雨，人群又惊讶又着迷地看着。除了魔法，我想不出其他能办到这一点的方法。

真是大惊小怪！东之大陆的人不会都没见识过魔法吧？唉！东之大陆就是东之大陆，魔法知识真是落后；不过这跟一个女佣没关系，我继续看戏。

万众瞩目之下，两个眉施粉黛、面若桃花的女子先行而来，在地上铺起长长的红毯。接着，在几个气质高雅的美貌侍女簇拥下，一辆香气扑

鼻的花车缓缓驶来。一看到车上的佳人，人群顿时沸腾了。

“我愿意为你而死！只要你看我一眼……”

“美艳夫人，我的财产、我的一切都是你的！让我过去……”

“我为你奉献一切！”

声音此起彼落，更甚者，有人激动得晕倒了。

其实，我并不赞同美艳夫人的做法，人家清洁工每天起早贪黑地好不容易把街道打扫得干干净净，她这样一阵乱撒花瓣，不但不尊重人家的劳动成果，而且当风起的时候，重量很轻的花瓣还会四处飞散，要清洁工怎么打扫嘛？扫不干净的话，倒霉的还是清洁工；人家就靠这么点薪水生活，万一因此丢了工作，那一家老小可怎么过呀？再说，她这样堵塞交通，对不是来看她的来往行人多不好呀！

牵涉到与女佣工作性质相似的清洁工，本着同行的情谊，我越想越同仇敌忾。

（作者：“猪脚”呀，明明就是你自己看这满地的花瓣不顺眼，想“消灭”它们就说一声，何必用什么同行当借口呢？如果人家清洁工知道有你这种“同行”，恐怕谁也不会承认吧！）

于是，我召唤几个风魔——因为我叫不出乖

巧听话的风精，给他们下了道命令。

一旁的雷大惊失色地说：“你又把这些‘东西’弄出来干什么？”没等他来得及阻止，风魔们行动了。

这一天发生的事，不管是不是奇石城的居民，只要亲眼目睹的人，一辈子都不会忘记。

在刻意营造的明星出巡气氛中，千娇百媚的美艳夫人姿态极其诱人地斜卧在美丽的花车里，露出她最有魅力的慵懒笑容，一切都像一幅美丽诱惑的画一样。突然一阵怪异的狂风吹来，把地上的和天上的花瓣统统吹回花车里。

当众人睁开眼一看，却发现那阵风不但把美艳夫人吹得披头散发、满头满脸的花瓣，最最要命的是，那阵风居然把她若隐若现的纱衣吹得无影无踪。问题的重点是，美艳夫人为了展示她诱人的胴体，那天只穿了这么一件衣服。

老天！几乎所有人拼命睁大的眼睛都凸了出来，在断断续续的抽气声和幸福的呻吟声之后，是不可避免的鼻血狂喷。

一个充满粉色又不可侵犯的经典浪漫场面瞬间变成了一出肥皂剧！

雷在冲过去看了个够之后又跑回来，叹为观止的发了一会儿呆，然后眉开眼笑地大力握住已

经隐隐感到不妙的我的手。

“伊利莎，你知不知道你为全城的男人们做了一件多么大的好事？天哪！刚才阻止你的我差点成为罪人，我谨代表今天在这里齐集的男同胞们，向你致上最高的敬意，谢谢你为我们所做的一切！”说到最后，他已经感动得热泪盈眶。

我呆若木鸡地想澄清，“我只是叫他们把所有的花瓣还给美艳夫人，因为自己扔的垃圾要自己捡回来，我只是想让她尊重清洁工的劳动成果……”

雷却一脸无所谓地呆笑，“很明显，他们执行得太热心了。哈哈哈……不管怎么样，感谢你的‘怪癖’；因为它为人类造福了……哈哈哈！”他已经疯掉了！

看着喃喃说着死而无憾之类的话的围观男性们，和因刺激过度而这才反应过来的美艳夫人，似乎隐隐听到什么报仇之类的话的我不禁头皮发麻。

这下麻烦大了！

要说整个奇石城最有权力的人，该数此城的行政官费迪南德，他是国王直接任命的奇石城最高统治者，对本城大大小小事务拥有最后决策权和否决权。按理说，这样的权力高度集中于一个人身上是非常危险的，因此，常常有本来已经通过的提案却碰上他老人家今天心情不好，一票否决了的不在少数，可见他权力之大，足可在整个奇石城中翻手为云覆手为雨。

可是说到最有影响力的人，却轮不到费迪南德行政官，因为包括行政官在内的全奇石城中的男人，都是一个人的裙下之臣，这个人当然就是号称“东之大陆最性感的女人”的美艳夫人。

因此，当我们的队伍在市政府被刁难，甚至连旅馆和酒馆都拒绝做我们的生意之后，大家隐隐约约猜到是怎么一回事了。虽然没有人责备我，可是看到大家因为没有地方用餐和睡觉又累又饿的样子，我就内疚得抬不起头来。

在做完一天的工作之后，我趁大家不注意时，悄悄地离开。

本以为没有人会知道，没想到我一抬头，却看见雷站在不远处的一棵大树下向我招手。

“我都等了老半天了，你怎么现在才来？”

难道他老早就知道我要走？我的想法又一次被他看穿，是巧合？抑或是……

整条道路上只有我们，四周都是黑暗，只有借助明月的微光才能看清楚对方。

银白的月光照在雷微笑的脸上，“还愣在那

里干什么？快过来！别想撇下老朋友自己走哦！”

在这万籁俱寂的夜里，在空无一人、只有明月相伴的异国他乡的路途上，突然出现在前方的雷，露出往日熟悉的笑容，亲切地向我招手；此情此景，让我心中充满了无法遏止的思乡之情，本来还在胡思乱想的问题统统消失不见了，我一动也不动呆呆地看着月下的雷，突然脸上有什么东西滑落，是泪……

第3章 莱因司城

我顿时松了一口气，搞不懂这个格兰特为什么这么喜欢一边在别人耳边说话，一边往人家耳朵里吹气，弄得我的耳朵痒死了。真是个怪癖！总觉得我越有反应，他就越得意，我干脆转头看窗外，来个眼不见为净……他又在搞什么鬼？我迟疑地坐下，他却贴得很近地坐过来，也不等我闪开，就一把抓住我的手。要不是我知道他是王子，要什么类型的美女就有什么样的美女，而我又长得其貌不扬，我还真以为他会对我有“什么”呢！

第三章　莱因司城

我垂头丧气地走在林中小径，旁边还有一个连续说了三个小时还不累的人，拜他自发的滔滔不绝之说所赐，我或多或少地知道了故友们的消息。

雅里和菲立两家逃到中立国萨隆，克拉德与修克特失踪……呜呜！克拉德，我好想念你和同样不知所踪的小奇！芬妮家来不及逃跑，迫于形势，只好向利马投降，鉴于魔法学院具有齐集众多魔法师的潜在威胁，大部分师生都沦为阶下囚，莉迪雅逃脱。

哼！这个老是针对我的人的消息，我一点也不想听到。我质问雷："你干吗要告诉我关于她的消息？她又不是我的朋友，我才不想知道。"

雷有点迷惑地问："你很讨厌她吗？可是莉迪雅柔柔弱弱的，不像是会得罪人的女孩呀！我看一定是你的错！"

什么？我感到难以置信的愤慨！你是我的朋

友，不帮我说话就罢了，还冤枉我说是我的错？死雷！臭雷！一定是被莉迪雅的美色给迷住了。明明就是她先跟我过不去的，我可一直是处于被欺负的地位啊。

我气得说不出话来，猛地一把推开雷，拼命地往前跑；雷在后面一边追一边喊我，我也不理他，只是埋头往前冲。身体像是自动反应似的，一股异常凶猛的力量涌到脚上，很快的，雷的叫喊声远远地被抛在后面。

哼！真是气死我了！刚才月下那感人肺腑的感动场面，霎时荡然无存。

人家说“跑步有益身心健康”真的很对，跑着跑着，充塞在胸中的闷气竟然慢慢消失了。我一定要把这一条写进女佣守则里，以后又多了一条让主人健康的方法。

（作者：以后，哪个不长眼雇用如此“猪脚”的家伙有福了！不过，“猪脚”呀，你还记得你正在生气吗？我看以你这种神经，要想真正受到心灵伤害，恐怕很难！）

等我停下来时，却发现自己迷路了，正彷徨不安间，忽然听到不远处隐隐传来金属交击声，连忙循声走过去。

月色朦胧，只依稀辨认出是两个人与一群人

的对战，这两个人一见有人来了，也不管人家愿不愿意被拖下水，就连忙喊救命，于是我立刻成为被攻击的目标。

必须要看清敌人的动作才行，我立刻使出“照明术”，可是一来没有增幅的魔导器“例如魔杖”，二来这又是我最不擅长的光明魔法，我已经做好了心理准备。呜呜呜！可是现实实在太残酷了，真的，连萤火虫的光都比这大。

（作者：其实这跟你以前和索罗斯决斗时发出的“火球”相比，也差不到哪儿去，别伤心了；因为你已经差到了极点，不可能更差了。哈哈哈……）

那两个把我拖下水的其中较矮的哀号道：“我还以为独自一人走在夜晚荒野中的人，肯定是艺高人胆大，没想到却是个连最初级的照明术都有问题的肉脚，我们死定了！”

肉脚？我被激得心头火起，忍不住反唇相讥：“哼！那叫肉脚来救命的，岂不是比肉脚还肉脚的肉脚之最？”

显然被这一大堆“肉脚”搞得头昏脑胀的较矮之人还没反应过来，旁边的敌人也因为反正赢定了，索性停下攻击让我们讲话。

这很明显素质不够！班德拉在我给他洗衣服

时就说过，暗杀者必须时刻保持警觉，不可掉以轻心；看起来胜券在握的事，往往会因为轻敌等种种因素而失败，这是暗杀者的大忌。

趁这机会，我畅所欲言："你们知不知道你们的行为已经构成情节严重的道德犯罪？一个人如果在深夜赶路，十之八九是有很重要的事，你们在这边打打杀杀是没错，这是你们的工作，我能理解。"

光线不足，我看不见那两个被"打打杀杀"的当事人的脸上已经出现一条条黑线，仍继续说："可是，你们不应该发出这么大的噪音，会干扰人家的行程，万一耽误了重要的事怎么办？再说，万一有人错过了宿头，在路边睡觉，被你们吵醒了，那多不好呀！睡眠是很重要的，它关系到一个人的身心健康，如果一个人睡不好，脾气就会很暴躁，这样很容易做坏事的。万一他想不开去行刺国王，那你们就成了国家的千古罪人！你们看看今晚的月亮。"我指指头顶，包括敌人在内的所有在场人员都不由得自主地抬头往上看。

"照明度还可以吧？暗杀不都是应该在月黑风高的时候进行的吗？所以说你们选错日子了；而且月黑风高的时候不宜赶路，所以不怕会吵到

别人，光线又暗，有利于进行暗杀，毁尸灭迹也没人看见，方便得很！”

（作者：“猪脚”呀，正常人不是都应该说“不能人多欺负人少”，或者“不能滥杀无辜”之类的话吗？噪音也算是理由？）

四周敌人呆呆地站着听我最后补充：“对了，你们杀完之后记得把你们丢在地上的暗器拿走，免得别人经过这里被这些暗器割伤；还有，基于资源回收和第二次利用原则，尸体以埋在花丛中最能发挥它的作用，据说这样，花开得特别大，特别鲜艳。既能销毁尸体又能美化环境，一举两得！”

话刚说完，四周就掉了许多兵器，我叹了口气。“刚说完，你们就乱扔东西，至少也得扔到果皮箱里嘛！”又来了！真是的，刚捡起的兵器又掉了。这些人到底有没有听懂我说的话呀？

旁边的较矮之人呆愣一会儿，感叹道：“原来，真的有马纳塞斯先生说的那种人呀！”

呃？我没听错吧？他提到了马纳塞斯先生？

真是踏破铁鞋无觅处，得来全不费工夫！找到线索了！哈哈哈哈！

人多势众的那边，一个人高喊道：“她不过

是个小丫头，她的歪理怎么可以动摇训练有素的我们？别忘了我们的任务，快动手！”

听这口气，他大概是这些人的首领。

小丫头？歪理？我听了就有点不服气。“有志不在年高！我五岁就立下誓言要成为全大陆最优秀的女佣，一直以来都在为这个理想而努力；虽然我刚刚又失业了，可是我绝不会放弃。我还在找下一个女佣工作，期望能在佣人之道上不断前进，我这十三岁……不，十六岁（忘了把空白的三年加进去）的小丫头都懂得有理想、有目标地生活，而你们呢？你们年纪比我大，可是，实现过什么理想吗？为你们的理想奋斗过吗？恐怕连自己曾经有过什么理想都不记得了吧！像你们这样浪费生命、浑浑噩噩活着的人有什么资格说我是小丫头？”

四周的敌人看看自己手中的武器，都低下了头。

有人喃喃道：“是呀，看看我现在在干什么，我曾想过要当冒险家……”

一有人开头，怀旧就像是传染病一样蔓延开来，一道道难过的声音响起。

“我十岁时发誓要娶水果店的小女儿，可是，她嫁给了别人……”

“我也曾想过要当魔法师……”

“我小时候就很羡慕那些行侠仗义的剑客……”

小时候的理想总是很美好，各式各样的愿望都有，就是没有要当杀手的。

“是呀！”

我充满感慨地说：“想想你们曾有过的梦想，再看看你们现在做的这一行，你们不觉得惭愧吗？”见四周的人的头更低了，简直太有成就感了。

我越说越来劲：“再说，你们现在干的这一行，是大陆所有行业中最不值得做的。虽说报酬不错，可是危险系数高，而且生活没有什么娱乐，常常要埋伏在虫蚁众多的地方等待目标；最可恶的是，有时你喂饱了蚊子，却得到消息说目标今天不经过这里了。简直就是做白工嘛！”

众人深有同感地点点头，就连那个极力反对我的领头的，也点得很用力。

感觉就像面对一群教徒，而我就是教皇。“叫你们为他们卖命的那些人，当你们为他们冒着生命危险出生入死时，他们却在逍遥快活，根本就无法体会你们的辛苦；更甚者，你们为完成任务缺胳膊少腿时，还会被当做失去战斗力的废物扔掉。他们一点都不在乎你们的死活。你们有没有被当做人尊重过？”

不知道是不是我听错，好像有哽咽声？不管了，我继续说：“为这些人抛头颅洒热血值得吗？公平吗？人生短短数十载，为什么要这样糟嚯自己？为什么不去实现没有实现的梦想？为什么不过一个有意义的人生呢？”

我激动地说完，才发现时间已经到了黎明时分，天色渐渐发白，四周的景物也能看清了。嚯！居然有这么多的尸体。可见我来之前，这里的战斗很惨烈，两方都死伤不少，这边只留下一个金发少年和一个高大的黑发青年，那边还有二十多个蒙面黑衣人，那些蒙面人竟然泪眼汪汪，无限崇敬地看着我。

“你的一番话让我们恍然大悟，这么多年我们都白活了。你这么有智慧、有哲理的人，应该是大师、贤者才对！我们决定从现在开始要像大师你一样，去追寻理想，充实地过完这一生；如果他日大师有什么要求，我们一定赴汤蹈火，在所不辞！”

他们改邪归正，我固然很高兴，可是他们又纷纷扔下武器离开，这让我很不满；已经是第三次发生了，第三次了耶！

那个首领突然大喝："慢着！"看见众人一脸"你敢阻止我们去追求理想就试试看"的凶恶表情，他连忙澄清："我的意思是，大师刚才不是教诲我们不要乱扔东西吗？我们应该把地上的东西捡干净再走，对不对？"

对极了！没想到最受教的反而是原先反对得最厉害的人！

看着厮杀了一晚穷凶极恶的杀手们勤劳地打扫现场，再很有礼貌地鞠躬离开；从头到尾目睹了他们的变化、死里逃生的两人所能做的只有发呆再发呆。

金发少年从一脸不可置信的表情中清醒过来后，眼睛里闪烁着崇拜的光芒看着我。"真是太厉害了！你简直就是女神！"

什么女神？我觉得这人也太不会拍马屁了，明明我只想成为流芳百世的、最厉害的女佣，要赞美也该说我真是全大陆最了不起的女佣之类的话嘛！他却不懂拍马屁的诀窍——投其所好。唉！真失败！

也不管身后黑发男子的眼色暗示，金发少年径自热烈地说："我活了十八年，头一次感觉到世界之大，无奇不有。恩人，不，女神，我诚恳地邀请你到我家做客，让我好好款待你，报答你的救命之恩。”

当时，我还不明白这个清秀的少年眼中异样的光芒代表什么，只是想知道马纳塞斯先生的消息，就很高兴地答应了。

一路上，自称格兰特的金发少年不断地问东问西，把我的老底都问光了；特别是问到某些地方时，他总会莫名其妙地爆笑不止。

叫莱恩的黑发男子看起来像格兰特的保镖，用句经典的话来说，一身黑衣是他的标志，沉默寡言是他的最爱，莱恩就是这么一个与他玩世不恭的主人完全相反的人。

当前面出现了具有高大城墙和华丽城堡的巨大都市时，格兰特停下脚步，指着前方的繁华城市，行了个我叫不出名字的极为高贵礼。“尊敬的小姐，欢迎来到莱因司王都——我的家。”

文化和教会的强国——莱因司？我不知道一直以来经过的城市都是属于莱因司的……慢着，他说王城是他的家？那么这个整天没个正经的人是……

我似乎遇到了一个大人物。

我坐在豪华马车里，本想好好见识一下莱因司的王城与雷索里有什么不同，可是旁边那个自

称是这个国家三王子的嬉皮笑脸家伙一个劲儿地靠过来，我挪一下，他也跟着坐过来一点，直到我挪到最边边无处可挪时，他才一脸“逗你很有趣”的笑容稍稍拉开点距离。

我顿时松了一口气，搞不懂这个格兰特为什么这么喜欢一边在别人耳边说话，一边往人家耳朵里吹气，弄得我的耳朵痒死了。真是个怪癖！总觉得我越有反应，他就越得意，我干脆转头看窗外，来个眼不见为净。

哇！不愧是莱因司王都，热闹非凡，各种商品应有尽有，很多人穿着打扮都是我没见过的，而且这里的建筑物讲究美观和新颖，不像雷索里，都从实用性出发，外表就比不上这里的豪华。这里的一切都教我惊奇，我目不转睛地看了半天，竟然发现我的手下意识地在擦窗缘。

呃，我不好意思地停止被格兰特好奇盯了很久的动作，向他打听马纳塞斯先生的消息。

格兰特（他不许我叫他王子殿下）想了想，“我说过有这个人吗？”见我连忙拼命点头，他却突然冒出一个问题：“你找这个人做什么？”

没有注意到格兰特语气中有些不寻常的闪烁光芒，我老老实实地把自己失忆三年的事情告诉他。

“非凡盛卷书友会”读者回函卡

姓 名：________GG/MM 生 日：____年____月____日

QQ号：________ 邮 编：________

通讯地址：________

联系电话：______手机______E-mail：______

请您在所选答案前的☐里加✓。

1、您是从哪里得知本书的？

☐书店 ☐网络书店 ☐媒体介绍 ☐非凡盛卷书讯 ☐亲友介绍 ☐其他

2、您最喜欢阅读哪一类书籍？

☐文学 ☐传记 ☐艺术 ☐历史 ☐奇幻小说 ☐言情小说

☐影视 ☐体育 ☐漫画 ☐军事 ☐社会生活 ☐休闲娱乐

3、对于奇幻小说您最喜欢阅读以下哪种类型的书籍？

☐灵异惊悚 ☐奇幻魔法 ☐历史时空 ☐奇幻武侠

4、您对本书有那些意见和建议？

内 容：☐很满意 ☐满意 ☐一般 ☐差 ☐必须改进

版 式：☐很满意 ☐满意 ☐一般 ☐差 ☐必须改进

封面设计：☐很满意 ☐满意 ☐一般 ☐差 ☐必须改进

5、您最喜欢阅读哪些奇幻、武侠小说作者的著作？

____

6、您最喜欢哪几本奇幻、武侠小说，能写下它们的名字吗？

____

7、您对本书有何感想及意见？

____

____

____

8、当您准备要寄回足够的剪角印花时，请您在下面注明您想要得到的赠品型号。

____

公司邮箱：北京市100088信箱37分箱 邮 编：100088 收件人：非凡盛卷

公司电话：010—62056419 公司传真：010—62056419

联系人：菲姐（职务：小编）（QQ：434402868）

帆哥（职务：小编）（QQ：434459934）

一定要真实地填写喔！否则收不到e-mail的快讯及神秘礼物喔！

※此表亦可做为“非凡盛卷书友会”入会申请表。

非凡奇幻精品制作讯息大搜秘

请选出您心目中最喜欢的三样精品，并在方框中打“√”，然后我们将根据统计出来的结果，选出前三名制作成精品，以供大家收集。

□1、魔幻手链　□2、魔幻扑克牌
□3、魔幻月历　□4、魔幻塔罗牌
□5、奇幻笔记簿　□6、魔幻马克杯
□7、奇幻便签纸　□8、奇幻人物T恤
□9、奇幻年历手札　□10、奇幻人物海报
□11、魔幻2D-3D立体画（书签或鼠标垫）　□12、奇幻人物拼图

如果您还有其他的新想法、新设计，您也可以画出来，我们将在网上公布。如果您的作品中选了，我们会奉送制作好的5套作品给您。

设计底稿（如太小、您可自行设计一张贴在背面一起寄过来）

他一副若有所思（真的，也只有这时候他才有点王子的架势）的样子说：

“我不太清楚这个人的事，我离开王都也有不少日子了，对这里发生的事也不了解；不过，我会帮你去问问别人，看有没有什么线索。放心，你对我有救命之恩，无论如何我都会满足你的任何要求的。”

哇！外表一点都看不出来原来他这么够义气，我感动得无以复加。

既然如此，我也不客气了。说实话，失业少女的身份是我最不想要的。“呃，是这样的，我失业了，不知道你有没有什么门路介绍点工作机会给我？”说完，我就后悔了，我竟然叫王子给我介绍佣人工作，好像有点不妥。

意外的是格兰特并没有丝毫不悦，反而兴致勃勃地说：“没问题！不过，我不知道你的技术水平怎么样，我想有个大概的了解之后，才好跟别人说呀！”

有道理！我问他：

“那你想怎么考？”

“就从按摩开始吧！”他有点兴奋过头地说。

哈！对我来说，就像踩死一只蚂蚁那么容易。

虽然不懂他为什么这么高兴，不过我仗着佣

人技术好，管他出什么难题，我来一个杀一个！

格兰特好像很陶醉地靠在我身上让我按摩，看到他这么舒服，这就间接肯定了我的技术，太好了！工作有着落了！

（作者扯着头发大叫：天哪！他在吃你豆腐耶！你还沾沾自喜？你已经十六岁，不是十三岁了！你的神经呢？怎么还是那么迟钝？“猪脚”呀，我对你未来恋爱之路已经不抱什么希望了。）

突然马车晃了一下，停了下来。怎么回事？

前面的马车夫报告说：“三王子殿下，前面倒下一个女人。”

不会是被我们的车子撞到的吧？会不会成为严重交通事故？虽说格兰特是王子，可是难保不会“王子犯法与庶民同罪”，只是希望被害人受伤不要太重。命运之神保佑啊！

我很认真地烦恼着，却见格兰特不耐烦地一挥手。

“还要我教你多少遍？继续前进！”

啊？他想撞人之后逃离现场？是他有恃无恐还是太过冷血？

似是看出我的迷惑，格兰特神秘地一笑。“我这样做是有原因的，等会儿你就知道了。”

我们用观光的速度一路龟速前进，以这种慢腾腾的速度居然在十分钟之内发生八起撞人事故，而且都是女人。莫非莱因司人都有自杀倾向？

实在搞不懂为什么他们对车祸这么情有独钟，在第九起撞人事故发生后，我忍不住跳下车，对一脸失望的女子说："不如我给你一个建议吧！你这样是不行的，我知道你想自杀，而且穿得这么漂亮，是想在'最后一刻'也打扮得美美的吧？

可是我要告诉你，人在死后脸色会发青发黑，所以你这样化妆反而会凸显死后青灰的脸色，就跟你现在这样差不多。你看看，颜色冲突多大呀？我有家传的化妆品，传统手工制作，绝对纯天然！你要不要试试？放心，我们家那条街出殡都用它，效果好得很，消费者信得过。"

似乎听到那个浓妆艳抹的女子嘴里发出类似咬牙的声音，可能是我听错了，她并没有生气的表情呀！奇怪，天气不冷，她为什么发抖？

我关心地上前问她："你怎么了？很冷吗？这种天气还发抖，一定病得不轻吧！哦——我知道了，千万别因为得了不治之症就想不开呀！就算你不想活了，也不要在大马路上撞车呀，你自

己制造车祸，不但会连累无辜的车夫和车上的人替你背黑锅，而且也可惜了这身好衣服……不明白？（唉！跟魔族不一样，理解力就是差！）我的意思是建议你最好穿着寿衣撞车更好，这样别人就知道是你想死而蓄意制造车祸的，也不会连累被你利用的车夫和乘客了；而且，这衣服价钱不便宜吧？浪费了！它碾在车轮下，多糟蹋呀！唉，你不知道现在全大陆的服装业就要面临着一个大冲击，服装和纺织品出口的大国嘉兰可能会发生饥荒。（是我给精明的老大补衣服时他说的，呵呵！可能是不善于表达谢意吧！）

人家饿着肚子好不容易做出来的衣服，可不能浪费在车轮下，这样是不尊重别人劳动成果的行为。我跟你说，劳动成果被尊重与否，会影响别人的劳动积极性，连带的会影响这个行业的发展，然后国家的经济……”

没等我说完，那个女子就尖叫一声，一脸“受够了”的表情跑掉了！

搞什么！我还有最重要的话没说出来呢，我只能冲着她的背影很认真地喊：“下次记得找快车来撞！这种慢得连一点小伤也很难撞出来的车，是绝对死不了人的。”

可能是突然拐到了，那女子砰的一声跌了一

伊莉莎的表姐（因美丽而号称“烂菜街之花”）

在一个晚会上，我又见到了表姐，此时的表姐已经是一副容光焕发、衣着光鲜的模样，挽着被她打过一掌的马里奥出现在众人面前，司仪介绍他们是“贝洛蒙家的二公子”和“来自异国的高贵仕女”，在人们纷纷猜测这个美貌女子到底是哪个国家的名门千金时，我则张大嘴巴说不出话来。

跤，发出好大的声响，那身昂贵的衣服会不会有事呀？我好担心！

她应该听进去了吧！呼！感觉做了一件好事，我心情很好地回到马车，周围的围观群众早已叹为观止地动不了了。

格兰特钦佩万分地看着我好一会儿，突然夸张地拍拍坐垫上不存在的灰尘，“尊敬的女王！请坐！”

他又在搞什么鬼？我迟疑地坐下，他却贴得很近地坐过来，也不等我闪开，就一把抓住我的手。要不是我知道他是王子，要什么类型的美女就有什么样的美女，而我又长得其貌不扬，我还真以为他会对我有“什么”呢！

“请教教我你那种‘杀人于无形’的语言攻击。”看到我脸色一变，他连忙改口：“不，是你的‘处世之道’。”

哼，这还差不多！

不过，要我教堂堂王子处世之道，会不会有点班门弄斧了？而且，我哪有什么真才实学教人？像我这样的小人物、小女佣，怎么可以教莱因司的王子做人的道理，叫他应该这样做那样做呢？

佣人家族有明文规定，佣人不能对主人指手

画脚，不能站在与主人同等的地位或更高的地位说话，佣人必须严守身份界限，不可做出僭越的事。

可是格兰特王子似乎是个不接受拒绝的人，最后他甚至搬出王子的身份命令我；对于这样一个几乎没有什么东西得不到的人，我也只好妥协了。

唉！只希望以后我成名了，不会有什么人挖出这么一段过去来大做文章，说我不守女佣的本分，破坏我的声誉。

这可不是我胡思乱想，隔壁家大姐说过，就是有这种人，见不得别人好，故意把别人的“一点点”小缺点夸大，到处宣扬以达到中伤他人的目的。当时她带着新男朋友来见我表姐，我在一旁听到她说的。

据说，那个青年原本是卖猪肉的二女儿的男朋友，她带着他是来向号称“烂菜街之花”的表姐示威的。

（作者：烂菜街之花？真是够寒酸！小人物就是这样，区区一个烂菜街之花，有什么好示威的？也不怕被人笑话！）

呃，忘了说，我家住的那条街本来没有名字，因为别人都把不要的烂菜叶丢到那里，越积越多，不知不觉就得了“烂菜街”这个名字。

表姐号称“烂菜街之花”，当然是这条街数一数二的美人了，隔壁家的大姐则是“菜市场之花”。虽然都是“花”，可是菜市场和烂菜街比起来，明显街字头大了一些，所以她很想取代表姐的地位。

（作者：菜市场和烂菜街都是半斤八两！反正都这么寒酸，有什么区别？我看，“猪脚”长成这样，不但有家庭因素，这条街也功不可没。）

算了，还是别想这些了，免得想起已经灭亡的雷索里。

我从回忆中醒来，发现不知何时，马车已到达一座风格怪异的建筑物前。

怎么叫风格怪异呢？这座建筑物外表有点像伸出两只钳子的螃蟹，左边的钳子是怀旧风格，古老的建材，古老的形状，外面还雕刻着古老的文字，我甚至隔着窗子看到一个管理员打扮的人，那是个老得不能再老的老太婆。和她比起来，我觉得我曾祖父还算年轻的了。

而右边的钳子是完全相反的新潮派，建材是我从来没见过的，我猜想可能是工艺先进的萨隆国的最新研究成果，出入那里的多是打扮怪异的

人和世人所谓的“颓废派”；而中间，简直就是怪异之最，居然在一片充满硬式风格的刀光剑影中挂上漫天的女人衣物，离谱的是，正中间竟然摆着一个裸体的光明女神像？这对祭祀众多的莱因司来说简直就是亵渎！这栋房子至今没有被炸掉真是个奇迹！

看到我的惊讶，格兰特显得很得意。“这就是我要让你看的，我们‘恶人党’的得意之作——国家博物馆兼美术馆！”

有没有搞错？这种毫无美感的建筑物也算是美术馆？我顿时觉得自己的审美观整个被颠覆了。

偶遇表姐

她又说："天哪！我打你打得很痛吧？我……我真过分，做出这样的事，我也不奢求你的原谅，只求你能给我一个机会，为我犯下的错赎罪，任何事都行！哪怕是要我的命，我也毫无怨言！"顿时，所有的人连忙安慰她，脸上都出现心疼和不忍的表情。竟然一字不差？我张大嘴巴呆呆地看着她。没错了！这正是表姐背得滚瓜烂熟的第十一号方案！虽然她离家多年，可是这手法、这演技，除了我那摒弃佣人工作、以迷尽天下男人为己任的表姐，天底下没有人做得到。

第四章　偶遇表姐

就在我感叹人事变迁的时候，突然从各个方向飞过来七八条香帕，落在格兰特的脚下，搞什么？又不是玩“丢手绢”！不要的手帕应该丢到垃圾桶里嘛！可是，当我转头一看，却看见若干个穿着入时的年轻女子状似羞涩地朝这边颇有深意地笑着，难不成……

蓦地，我省悟了。原来这些抛手帕的女人是想制造机会与格兰特王子认识，一路上故意撞上慢腾腾马车的，也是一心想飞上枝头当凤凰的女人。

不早说！这样我就会给那些女子一点建议了，她们这样做太明显，根本就过时了嘛！在这方面，我离家出走的表姐是高手，她最有效的作法是先给人家负面印象，比如，突然冲出来，无缘无故甩人家一巴掌，给人留下深刻印象后，再吃惊地说认错人了；接着就用她千锤百炼的“梨花带雨式”哭功诉说自己遇上负心汉的悲惨遭遇，引起别人的同情，然后就很“有诚意”地道歉说，为了弥补她的过失，她愿意做任何事。

不用说，这么一个遭遇坎坷、有个性又“善良”的美人形象就深深地印在对方的脑海里，这时好感指数已经超过百分之八十，最后用弥补过错的借口留在对方身边施展魅力，用不了多久，指数百分百！大功告成！

（作者：难怪她是你表姐，太厉害了！）

表姐的这一手必杀技打遍天下无敌手，她的演技堪称登峰造极，就跟前面的那个女的差不多……啊！前面的……

我这才发现，在我发呆时，格兰特已经把我带到几个少年男女的面前。

“马里奥、贝儿、费罗蒙多，你们在干什么？”

褐发的英伟少年正在安慰一个哭得我见犹怜的女子，脸上还有一个可疑的掌印。

白衣的红发少女说：“格兰特，你帮帮这位可怜的姐姐吧！她被家里强迫要嫁给一个有钱的老头，为了能与心爱的人生活，她忍痛放弃亲情，拿出所有的钱和心上人私奔，没想到那个负心汉骗走她所有的积蓄就跑了。”这个有着灵活俏丽眼睛的少女一脸的忿忿不平，“她身无分文

地流落异乡，无意中看见马里奥的侧脸与那个负心汉相似，一时冲动才打了他一巴掌，现在她正自责地哭得死去活来。这么一个好人，却遇到这么不公平的事，我们一定要帮助她！”

那女子的眼泪一滴滴好似珍珠一般地往下落，水灵灵的眼中盈满了清澈的泪水，似怨还忧，楚楚动人。她一听完红发少女的话，就露出一副让人看了也难过的表情。“遇到这种事，我是气晕了，才一时错手打了这位绅士，我竟然做出这种伤害他人的无礼之事，我……我真是死一万次也不够！”

咦？不是吧？

她又说：“天哪！我打你打得很痛吧？我……我真过分，做出这样的事，我也不奢求你的原谅，只求你能给我一个机会，为我犯下的错赎罪，任何事都行！哪怕是要我的命，我也毫无怨言！”

顿时，所有的人连忙安慰她，脸上都出现心疼和不忍的表情。

竟然一字不差？我张大嘴巴呆呆地看着她。没错了！这正是表姐背得滚瓜烂熟的第十一号方案！虽然她离家多年，可是这手法、这演技，除了我那摒弃佣人工作、以迷尽天下男人为已任的表姐，天底下没有人做得到。

表姐也看到我了，不过我不敢肯定她是否认出我，毕竟她离家时我年纪还小，外表与现在有点不同，而且她的演技太好，就算认出了我，表面也看不出来。我看着她技巧高超地展示着就连格兰特也心生好感的魅力，心中很矛盾要不要与她相认。不认嘛，有违女佣的原则，万一被人知道我们的关系，一个欺瞒别人的女佣还有什么信誉可言？认了嘛，又会破坏表姐的大计，惹她生气，怎么办？

就在我犹豫的时候，格兰特已经决定暂时收留表姐，并利用关系给她办了居民证，承认她是莱因司王都的居民，享受王都居民的待遇，使她生活无忧。反正也来不及讲了，我目送表姐和那个脸上有掌印的褐发男子走远，心里着实松了一口气。

格兰特一把我介绍给众人，就迫不及待地问：“老头子今天有没有带什么新奇的事物来？”

叫贝儿的红发少女笑嘻嘻地说：“有呀，他神秘兮兮地带着一件包得严实的东西，还宝贝得不让人碰一下。这次的‘收获’一定很有看头。”

收获？为什么我总有种感觉，他们好像在密谋什么事？慢着！那个老头会不会就是马纳塞斯先生呢？我随即沮丧地推翻这个想法，不可能！格兰特已经否认他认识这个人了。唉！我的记忆呀，有没有找到的一天？

我心情有点低落地随格兰特他们走进一个小房间的密室，那三个人兴致勃勃地翻找了一阵，叫费罗蒙多的豪迈少年乐得合不拢嘴地举起一样东西。

众人纷纷凑过去看，一见到那个东西，我的心就仿佛被人重重地敲打了一样，发出沉重的声音。为什么……为什么我会透不过气来？这种好像被别人控制心脉跳动的感觉，压抑得我无法呼吸，想要呼喊却叫不出声来。怎么回事？

大家都在研究这奇形怪状的东西，没有人注意到我的异状，难道我这女佣界的一代英才在还没展翅高飞前就要英年早逝了？真是天妒英才！莫名其妙地让我遇到这种危机……唉！佣人家族的列祖列宗呀，后世就要少一个传说缔造者了。

就在我以为自己狠狠跳动的心脏就要爆炸时，一个愤怒的声音突然响起——

“为什么这里会有邪恶的暗黑魔法师？可恶！黑暗的子民，人人得而诛之！”

大家都吓了一跳，这个不知道哪儿冒出来的家伙在胡说八道什么。

可能是空间移动魔法而突然出现的白袍男子嫉恶如仇地朝我伸出法杖，“我贝鲁特立誓要杀尽天下间的暗黑魔法师，哼！魔法师中的败类啊，受死吧！”

开什么玩笑！又不是魔鬼终结者，为什么他不找别人偏偏攻击我呢？我怎么不知道我是暗黑魔法师？什么时候发生的事？

（作者：“猪脚”呀，你三年前就傻傻地被人骗，走上这条不归路啦！唉，没想到你除了神经比一般人粗，理想比一般人怪以外，还是被人卖了还帮人家数钱的类型！没希望了……）

没想到他说做就做，也不给人家一点解释的时间，就朝我发出一颗光芒耀眼的火球。哈！他不会是以为暗黑魔法师顾名思义就是害怕光明的魔法师，所以才在火系魔法中加入光明魔法吧？要是这样就管用的话，那“死之恐怖”也不知道死多少次了！再说，我也不是暗黑魔法师呀！

可惜我忘了自己现在正处于异常状态下，面对他的攻击，我无法躲开。看着迎面而来的巨大火焰，灼热的气体使我感到异常难受，全身在一连串高热接近时，竟然感觉到针扎般的痛楚？怎

么会有这样的反应？我心中除了害怕会被烧死之外，顿时升起一股不祥的念头：我不会真的是暗黑魔法师吧？

就在我性命危急关头，那股异常的不适感终于谢天谢地的消失了；可是，那个叫贝鲁特的白袍魔法师发出的带有光明魔法的连珠火球都快要烧到我的头发了，念咒施展魔法的时间根本来不及，怎么办？

只有试试不灵光的元素之力了，我闭上眼睛，拼命地集中注意力……

哦，最先到的还是“那种”元素，大家都这么熟，我也不跟它客气，招呼也省了，直接等火元素的到来，可是情形还是跟前几次一样！我万念俱灰地想：难道我真的要命绝于此？

迅速地，高热蔓延全身，火烧上来了！先是一阵难以忍受的灼热，然后奇异的，奔放跳动的火元素来了。

真是老天有眼！我感激涕零地欢迎它的到来，奇怪的是火元素似乎有什么困难，给我的感觉是要我帮它的忙。哦！那有什么问题？我这人一向讲义气；大家沟通之后，危机解除。呼！总算佣人界没有痛失英才。

我睁开眼睛，发现大家都一脸不敢置信地看

着我。

贝鲁特还跳起来指着我，结结巴巴地说：“你这是什么邪术？”

格兰特也惊讶不已地拍手喝彩，“太神奇了！不但让带着祭司咒文的超级攻击魔法在最后关头失效，最不可思议的是居然还可以把火系魔法‘七连珠’变成这副模样？本人……不，小生决定一定要学会这一招！女王阁下千万不要拒绝在下这一点小小的要求！”

呃？变成这副模样？我好奇地转头一看……嚯！半空中悬浮着一个碗口大的红唇，不断向周围散发着火焰，最最诡异的是，它还热情地不断向众人抛飞吻。又不是动画片，这是哪门子的火元素？

换作是一般情况，一个美女嘟着红唇抛飞吻，大多数男人都会很乐意接受的，可是，眼前浮在半空、仅仅只有一张血盆大口的肉麻攻击，简直就是对眼睛和心灵的极大伤害。

费罗蒙多一副快晕倒的样子说：“我不行了！鸡皮疙瘩都出来了！谁来救救我！”

贝儿早就已经呆掉了，贝鲁特还没有恢复正常的语调，格兰特则发神经不停地在赞美我。

把火元素变成这样，有什么值得赞美的？这

个人的审美观果然有问题！可怜的费罗蒙多在忍无可忍的情况下哀号一声，逃命般地夺门而出；即使在门口处撞到了人，也不说声抱歉，头也不回地跑掉了。

这个费罗蒙多，撞到一个老人也不扶人家起来，真是没礼貌！

我连忙走过去，轻手轻脚地扶起老人，正想问问他有没有受伤，顺便代那个不懂得敬老尊贤的家伙向他道歉时，老人突然凝神看了我一会儿，用力地抓住我的手，厉声道——

“你是魔族？”

魔……魔族？开什么玩笑？我还杀过“死之恐怖”呢！这真是我今年听过的最大的笑话！可是……为什么心底深处会有一个声音在肯定他的话？

老人在说出这番惊世骇俗的话之后，才开始注意到屋里的情况，一看到格兰特几个人和他们手中的那个酷似某种多脚生物的怪异东西，脸色变得有点难看。

在作案现场被人人赃俱获，格兰特居然还笑嘻嘻地朝老人招手。“唷，这不是卡拉奇老师吗？我们也有一段日子不见了，老师还是那么有精神，真令人欣慰。”他脸不红气不喘地说完这番假惺惺的话之后，还假装热情地招呼客人的主人说：“老师，还站在门口做什么？来来来，进来坐！”天知道这个地方才是他们不请自来偷别人东西的场所。

我不管这个假面人，先跟那个“烈焰红唇”说一声，免得它不知收敛吓坏了老人家，那就麻烦大了！送走万般不愿的火元素，我松了一口气，应该不会再有第二个受害者了吧？可怜的费罗蒙多！

面对这种厚颜无耻，而且还是王子身份的家伙，被称为卡拉奇老师的老人也只能无可奈何地叹了口气，“三王子殿下，您想要什么东西，直接向我要就行了，何必老是做‘这种’事呢？”

格兰特耸耸肩膀，“我只是想出其不意地给你一个惊喜呀！”

干吗不说是你觉得太容易到手的东西没意思，才干这种不问自偷的无聊事！

贝鲁特有点被吓到地结结巴巴说：“老师，他……他……他是王子？”

卡拉奇老师打了一下他的头，“知道是王子殿下，还不下跪？想死呀！”

即便是厚脸皮如格兰特，也不好意思在偷了别人的东西被当事人发现后接受人家的下跪礼，

格兰特脸上微微闪过一丝不自然，挥挥手道：“不用了，我不喜欢这些繁文缛节，又不是在宫里，大家随便一点吧！”

王子就是王子，连冠冕堂皇的话都说得这么漂亮。

我看着卡拉奇老师苦笑着与贝鲁特低声应是。

“你是魔族”这句话一直在我耳边徘徊不去，内心深处不断传来的骚动在提醒我，这位老先生的话不是毫无根据的，身体里这股若隐若现的气息竟然与“死之恐怖”颇为相似。如果这句荒谬的话成真了，那……我该怎么办？

现场的气氛有些尴尬，格兰特一副不想久待的样子，匆匆说些场面话就拉着惶恐不安的我告辞了。

我心中一片迷茫地走过贝鲁特身边，这才想起忘了告诉他一句很重要的话，连忙转过头提醒他：“贝鲁特先生，下次记得不要再这样玩火了，现在天干物燥，很危险的！”唉！要不是现在心情不好，我一定会“好好”教育他。

对于那诡异的收藏物和卡拉奇老先生的话，虽然已经过了半个月，我还是耿耿于怀。格兰特至今还没有给我关于马纳塞斯先生的消息，怎么回事？难道这里就没有一个人知道他吗？而且莱因司这个国家文化盛行，什么乱七八糟的、极端的、守旧的都有，在这里待久了，总觉得格格不入。唉，真想回家！

格兰特把我介绍给他的姐姐——莱因司的大公主埃米莉当贴身女佣，这真是教我受宠若惊！出了名的贤德大公主是真正的大家闺秀，能为这么棒的人物服务，简直就是人人羡慕的好差事。

不过有一点很奇怪，大公主殿下为什么先是难以置信地看着我，然后不厌其烦地问遍我的祖宗十八代，最后面有难色地对格兰特摇摇头？她不愿意雇用我吗？幸好格兰特这个够义气的家伙为我说尽好话，看他说得这么夸张，我都怀疑自己是不是没有缺点了！大公主最后终于点头答应了。

（作者：我猜下一步就是要借助大公主的支持，把你介绍给莱因司的国王和王后了！“猪脚”呀，怎么还没一点危机意识？你就要被人生吞活剥啦！）

在一个晚会上，我又见到了表姐，此时的表姐已经是一副容光焕发、衣着光鲜的模样，挽着被她打过一掌的马里奥出现在众人面前，司仪介

绍他们是“贝洛蒙家的二公子”和“来自异国的高贵仕女”，在人们纷纷猜测这个美貌女子到底是哪个国家的名门千金时，我则张大嘴巴说不出话来。

真是见鬼了！在我们那里经常介绍是“烂菜街之花”简称“菜花”的万年贫穷佣人家族成员的表姐，什么时候变成某国的贵族千金了？她也太能掰了吧！

看着表姐演技高超地扮演贵族小姐，大家都没有一丝怀疑，甚至还有为数不少的贵族少爷有感于异国美女的魅力而对她大献殷情，我在端盘子经过她身边时（要努力穿过她身边的人墙，真的很困难）忍不住小声唤她：“表姐！”

表姐脸色微微一变，随即不着痕迹地一边思索一边警戒地细细打量我。

喂！我长得这么善良，而且又是信誉卓著的女佣，用得着这么多疑吗？算了，还是我自己来吧。“我是你的表妹伊利莎啦！”

表姐这才松口气，随即偷偷把我拉到花园严厉地说：“你不许说出去！”

啊呀！我是什么人，要揭穿我早揭穿了。不过我也很认真地跟她说：“你不能骗人骗得太过火哦，否则，不揭穿你，我会良心不安的！”

表姐一副我还敢说她的表情，“得了吧，我看你不也迷得那个三王子团团转吗？”

天……天大的误会！怎么可能？人家是王子耶！为这个可能性，我只觉得心跳加速，结结巴巴地说：“表……表姐！我又不是美女，人家堂堂王子怎……怎么可能……那个……我？”可能性之小，让我连“喜欢”这两个字都说不出口。

表姐不以为然的瞪着我，“少假了！要不是这样，他干吗要所有人都瞒着你那个糟老头的消息？还不是想留住你！我看这个王子的审美观有问题，再怎么说他也应该对我动心才对呀……”

晴天霹雳！我呆愣的看着表姐的嘴一张一合，后面她说什么，我已经听不进去了，心中只有一个念头：他骗了我。为什么？难道真如表姐所说的……喜欢我？不，现在最重要的事情是问清楚马纳塞斯先生的消息！我连忙抓住表姐询问。

表姐可能看出我是真的被蒙在鼓里，很痛快地告诉了我：“听说那个老头子在一个月前就走了，有传言说他去了雷索里……不，说错了，以前是雷索里王都，现在是利马的一个直辖城市——古鲁。”

找来找去，原来事情就在原点！雷索里，一

切事情都从这里发生，现在又回到了起点，我久违的故乡！

回雷索里一事势在必行，不过我是个女佣，我要对自己的工作负责，就算再如何归心似箭，也得等完成这里的工作再说。

可是，我突然想起一件事，当初格兰特为我找到这么好的工作，我求之不得地答应了他，抱着“有工作做就不错”的想法，也没有问过他：他和大公主殿下说好我得在这里工作多久！

惨了！我不会一辈子都要在这儿当个外籍劳工吧？

第5章 皇室纷争

我气鼓鼓地瞪着他，没想到他卑鄙归卑鄙，感觉倒是惊人的敏锐。我心惊胆战地看着他停下对梅耶姐的挑逗，盯着我这边的烛火好半响，然后微微一笑，伸指一弹，我的眼前又黑掉了！不用说，肯定是那个奸诈王子把烛火熄灭了。我有意识地隐藏在火元素中，竟然也会被他发觉，这个人的厉害恐怕和老大有得拼……烦恼只剩下一个——失忆。我的心情蓦地轻松起来，嘿嘿，有我的魔法相助再加上莱恩高强的剑术，他们逃走的成功几率还是不小的。不过这么一来，雇主潜逃不就意味着我又失业了？

第五章 皇室纷争

我头大地看着身前灯火通明的宴会厅，那个欺骗我又让我无法对他生气（因为他是为了“那样”的理由）的家伙正在那里谈笑风生。

表姐充满憧憬地看了看这个华丽的上流社会社交场所，发出一声叹息，“这里是多么美好呀！文雅的社交用语，高贵的举止和谈吐，价格不菲的用品，高不可攀的地位，这才是人人向往的大好前程。”

哈！这些东西哪有女佣工作来得有成就感？不过，我明白表姐是不会接受我的想法的，要不然她也不会离家出走。话说回来，从西之大陆离家出走到东之大陆也太远了吧！我问她：“表姐，你怎么会千里迢迢来到莱因司的？”

表姐为难地说：“我有我的目的，可是不能告诉你，总之，你别碍我的事，否则，别怪我不讲情面。”

到底是为了什么目的使表姐连亲情也不讲

的？我目送表姐又回到那个糜烂浮华的世界，突然有一种不祥的预感，隐隐约约感到似乎有什么事情在暗中进行。

等我回到大厅时，发现大家都在议论纷纷。发生了什么事？我好奇地问旁边的一个女仆。

女仆横了我一眼，“你一定是跑到哪里偷懒去了！告诉你，别以为有三王子撑腰就可以这么得意！三王子是举国皆知的花心，他每次喜欢上一个人，一开始都是真心真意的，可是过不了多久，他就会被别的女人吸引住；如此反反复复，没有一个人能长久地待在他身边，除了贝儿小姐。”她用一种“你有哪点能和贝儿小姐相比”的眼光上上下下地打量我，冷笑一声走了。我隐隐约约听见她小声说：“也不想想自己是什么身份！妄想乌鸦变凤凰！”

蓦地，一股无名火涌上心头，就像你坐在一旁什么也没做，却突然有人朝你泼了一盆冷水，骂你卑鄙无耻、人格低劣一样，我感到无法遏止的愤怒，急忙朝着那个女佣离开的方向追去。我偷懒？我得意？太冤枉人了！最让我气愤的还是那句“也不想想自己是什么身份”，女佣身份怎么了？再也没有像这样一个这么直接地为人民服务的职业了，女佣的工作很辛苦、很累人，可是

也很有意义呀！

最不可原谅的是，她身为女佣竟然这么瞧不起自己的职业，是可忍，孰不可忍！不过，其中还有一丝丝对得知格兰特花心的不满。唉！如果表姐没有跟我说他对我有好感的话，我根本连这一丝丝的不快也不会有。

可是那个女佣在哪里呀？遍寻不着那个人后，我一口气咽不下去，索性召唤火元素，还是速战速决吧，我还有工作没做！哼！只要有火的地方，看你怎么跑！

这回出来的火元素比较正常了，没弄什么乱七八糟的造型，一看就是一副很正经、很可靠的样子。看着这团透明的火焰变成点点火星向四周散去，我深吸一口气，左边的那个花丛似乎是个僻静处，应该没有人会注意到那里。

我躲到花丛里，闭上眼睛，集中所有注意力，试图与火元素建立精神联系，可是总好像有什么东西在阻挠，这种感觉就像你明知对面有一个人，可是中间却隔着一堵墙一样。怎么回事？大气中的魔法元素好像出现了异常？这种状况出现多久了？这跟我离开塔塔落村之后就不能联系到其他元素有没有关系？对了！火元素第二次跟我沟通时好像说遇到什么困难，莫非……

我正在胡思乱想，没注意到自己已经犯了施法者的大忌——分心，体内那股带着魔性气息的力量突然蜂拥而出，只觉得心脏一阵紧缩，一口鲜血冲上喉咙，我忍不住哇的一声吐出来，好难受！耳朵嗡嗡作响，弄得我头昏脑胀的，渐渐地眼前一黑，我发觉自己陷入了黑暗中。

四周一片漆黑，空气中弥漫着令人窒息的元素。是了！一直都是“这种”元素和我称兄道弟，只可惜我到现在还不知道它是什么，大家都是熟人，我相信即使这里压抑得让人喘不过气来，“这种”元素仍然不会危害我的生命——虽然有时喜欢恶作剧。果然，不久有一股温暖的气息扑面而来，是火元素？我终于和火元素联系上了。

是“这种”元素为我打开了那层阻碍！哈哈，元素就跟人一样，真的不能只看表面，别看它平时总和你唱反调，可到了关键时刻却这么够义气。我默默地在心里给它送出一个“好兄弟不言谢”的信息，便把意识融入火元素中。

透过壁炉中的炭火，我看见大公主殿下与格兰特的贴身护卫莱恩默默相对，大公主的眼中有着痛苦和挣扎，还有别的什么东西，我无法分辨那究竟代表了什么。可是，大公主和不直属于她

的侍卫在一起，不得不让人猜疑这其中有什么。

一向显得酷酷的莱恩竟然也会出现这么激动的表情，“跟我走！就算逃到天涯海角，我们也要在一起。”

不……不会吧！私……奔？做梦也不会想到可以堪称全国楷模的大公主殿下竟然会闹出这种绯闻！

她犹豫地说：“可是，我父王，还有整个莱因司王室都会因我而蒙羞的。”莱恩端正的脸上出现悲苦的表情，“难道你就要因此而牺牲自己的终生幸福，嫁给贝蒙多的国王吗？眼睁睁地看着心爱的女人嫁给别人，我还配做男人吗？”

说得没错！我从来没觉得莱恩像现在这么有男子气概！

平时泰山崩于前而面不改色的莱恩，此时却像是背负了许多不能承受的痛苦似的紧紧抓住自己的胸口，“你怎么能……怎么能这样对我？这世间除了你，我不会再对别的女人产生这样深的爱恋。你怎么能这样就放弃我们之间的感情？”

大公主殿下微微颤抖地握住他的手，哭了起来。

莱恩紧紧地抱住大公主，“我们要一辈子在一起！永不分离！”

别说当事人了，就连我这个旁观者都感动得一塌糊涂！此时的莱恩简直帅到掉渣！

这时，火星闪了一下，我又到了另一个地方。这个火元素，也不说一声就把我弄走，我还想看续集呢！

红木雕花的大床、来自嘉兰能工巧匠之手精美地毯，华贵的装饰，其中还有一名与这样华贵的环境搭配得刚刚好的美女——这个美女竟然是精灵族的梅耶姐。

想起在塔塔落村闯下的祸，看着排外的精灵族少女奇怪地出现在这种地方，我正怀疑她是不是专程来找我报仇时，门开了，进来的竟然是格兰特。

我从来不知道这个人除了轻浮的笑和傻笑之外，还会这样邪邪地笑。

这个厚颜无耻的王子居然轻佻地用食指勾起梅耶姐的下巴，嘴里还啧啧有声地叹道："真美！这样一个灵秀的美人，而且还是难得一见的精灵族，真是充满了异族风情。"

梅耶姐恨恨地瞪了他一眼，"放我走！"

搞了半天，原来是强抢民女！亏我还傻傻地相信表姐说的他对我有好感的话，看他这样子，我就知道那个女佣说的不假，他果然是个花心大

少，对谁都这样。

我气鼓鼓地瞪着他，没想到他卑鄙归卑鄙，感觉倒是惊人的敏锐。我心惊胆战地看着他停下对梅耶姐的挑逗，盯着我这边的烛火好半晌，然后微微一笑，伸指一弹，我的眼前又黑掉了！不用说，肯定是那个奸诈王子把烛火熄灭了。我有意识地隐藏在火元素中，竟然也会被他发觉，这个人的厉害恐怕和老大有得拼！

尽管又陷入黑暗，但我再接再厉，花了一倍的时间才又和火元素联络上。

这次，终于给我找到那个女佣了。

原来她在一个不知道是哪里的角落中给管家报告："我照王子殿下的吩咐，故意去激怒那个有着莫名强大力量的女佣，果然把她引开了。嘻，就像殿下所说的，她果然很好骗！"

什么？这一下的打击更是刚才的百倍！相信朋友，相信人类，在他的眼中只是好骗？我把他当朋友，他居然毫不在乎地利用我。

管家赞赏地点点头，"做得好！一旦极力支持大王子继承王位的大公主与一个下等侍卫私奔，不但去了一个心头大患，而且国王陛下一怒之下，再加上'有人'从旁挑拨，一定会迁怒于大王子，这下我们三王子的机会就来了。"

透过他手中的微弱灯火，我难以置信地听着这惊爆内幕。

“我想，殿下可能很忌惮那个女佣的实力，就连影响计划成功的最微小可能性都不允许存在。为了撇清关系，打击大王子一党，三王子殿下应该不会对勾引大公主私奔的随身护卫手下留情吧？管家，我说得对不对？”

管家虽然没有说什么，可是看他的表情，已经默认了。两人心照不宣地轻声笑了起来，不用说，能说出这番话的女仆，绝不是什么简单人物！

天哪！这宫廷斗争也太可怕了吧！不但朋友可以利用，部下可以牺牲，就连亲姐姐也难逃毒手！我只觉一阵心寒，虽然没有战场上的刀光剑影，可是这暗潮汹涌的斗智斗狠，却更让我胆战心惊。

怎么办？大公主与莱恩的爱情似乎注定要成为莱因司王位争夺战的牺牲品，我该不该阻止他们私奔？可是如果他们不走，那大公主势必要嫁给她不爱的人，莱恩也会痛苦地过一生。我到底应该怎么做？还是，我应该抱持我不是莱因司人、不该干涉他国内政的想法而独善其身？这应该是最符合外交原则的作法，毕竟我只是一个女佣而已。可是我的感情却不允许我袖手旁观。

佣人家族的列祖列宗呀，你们有没有做过鼓励雇主私奔潜逃的事呢？

我苦恼地看着在一个贴身使女掩护下正准备偷偷出城的大公主和莱恩，心里很矛盾要不要阻止他们，可是一注意到大公主看着莱恩时脸上幸福的微笑，我就退了回来，凭什么要拆散一对恋人呢？

看时辰，格兰特应该已经假惺惺地向国王通风报信了吧！想必颇费了一番工夫，现在大队兵马已经朝这边来了。

管他的！至少在这勾心斗角的夺位之战中，起码还有一件好事。我心一横，从异次元空间袋中取出魔剑，杀人，我是不敢做，毕竟从小受的是女佣教育，不能胡乱伤害别人；不过，稍稍阻挡一下还是可以做到的。

记得乔得罗先生曾经教过我，魔法是因人而异的，同一招攻击魔法由不同的人施出来，效果也各不相同，有的人心性温和，施出的魔法攻击力就没那么强；一般来说，女性施出的攻击魔法与男性相比就要大打折扣，所以治疗和恢复魔法师以女性居多不是没有原因的。像我这样的人要学习魔法，重点就是扬长避短。

我沿路设下迷惑敌人的“黑雾”，以及让他

们分不清东南西北掉到坑中的“地陷术”，在他们动弹不得时再加上一个“流沙术”，保险起见再加一个“油腻术”。算了，不怕一万就怕万一。我再招来几个死去的将士，给他们下了一道指令：攻击经过这里的士兵！

我看着布置好的这一切，盘算着还要不要弄上一个魔法阵。

（作者：保险公司都没这么保险，你还想再加一层魔法？我看你根本不是在阻挡追兵，而是想一网打尽吧！）

突然我一阵头晕目眩，感觉好像越使用魔法身体就越虚弱，而且心脏的跳动越来越微弱。怎么回事？是过度使用魔法造成体力透支吗？可是以前从来没有出现过这种状况，好像是最近才有的，这一切实在太奇怪了。

我不禁联想到贝鲁特先生还有卡拉奇老师说过我是暗黑魔法师和魔族，我问自己，普通人的身体会有这样异常的情况吗？身体虚弱再加上烦恼增多，搞得我头昏脑胀。干脆别想了，想也想不出个头绪来，而且事实就是事实，不会因为我在这里烦恼而改变，即便我是暗黑魔法师，甚至不是人类，可是我还是我，我还是个女佣。只要这一点没有改变，就已经足够了。反正，再差也

不过是被称为“魔族女佣”，一样是女佣，差别只在定位不同而已，而且现在不是都说反对种族歧视吗？我们怎么能歧视魔族女佣呢？得到这个称呼，搞不好还因此出名呢！

反正我原本的理想就是在佣人界名声远播，这样倒也算是实现了愿望。哈，这样看来，成为暗黑女佣或魔族女佣，也不是什么坏事嘛。

烦恼只剩下一个——失忆。我的心情蓦地轻松起来，嘿嘿，有我的魔法相助再加上莱恩高强的剑术，他们逃走的成功几率还是不小的。不过这么一来，雇主潜逃不就意味着我又失业了？

既有对失业的沮丧，又有对能够立刻回归故里的兴奋，我带着矛盾的心情趁乱出了城，其中还用了一个乔得罗先生教我的逆光魔法“隐身术”。

乔得罗先生说过这个魔法有一个弊病，由于这个魔法的原理是吸收光元素，再迅速把它转化为水元素，所以会留下一大摊水渍，很容易暴露行踪；再者，稍有不慎就会被光元素灼伤，而且转换元素需要耗费大量的魔法力，有时魔法力量流失太多甚至会导致本身魔法力的永久减少。总之一句话，这个魔法弊大于利，不到万不得已的时候，千万不要用。

当时的我虽然惊讶于元素之间竟然可以转化这

种闻所未闻的事，还是把他的警告铭记于心，没想到今天却因为一个人和一声警告而冒了险，这个人就是分隔不久的路斯。不明白为什么路斯会突然出现在这里，而且还一脸郁闷地帮助那对私奔的情人，我正想出声招呼他，却听到一声警告——

“危险！”我还没来得及转头，不祥的预感突然涌上心头，身体已自动做出了反应——又是这样！我的身体到底出了什么事？一个嘶嘶作响的东西带着浓重的腥味险险划过我的右肩，定睛一看，一条摇头吐芯的双角黑蛇正凶恶地在地上扭动，一照到阳光就化为轻烟消散了。咦？双角？见光即化？哇！不得了！一想到某种可能性，我就吓出一身冷汗，情急之下连忙使出乔得罗先生千叮万嘱的“隐身术”，一把抓起还搞不清怎么回事的路斯就拼命地逃。

匆忙中，我回头扫视一遍人群，却见格兰特表情阴沉地和几个心腹远远地看向这边。我连忙收回视线，觉得自己的想法太离谱，格兰特怎么可能是出声警告我的人？对，一定是别人！

我就这样差点成为史上第一个走火入魔的女佣，而关键时刻竟然是体内那股充满魔性气息的力量把我导回正途。难不成它对我没有恶意？那我不是一直会错意了？由于这个想法太惊人，短

时间之内我是不可能找到正确的答案，索性把它丢开，先解决眼前气呼呼瞪着我的路斯吧！

话说回来，我们分别才不到一个月，怎么路斯就变得好像以前经常在我家附近破烂酒馆里可以看到的那些失魂落魄的叔叔一样颓废脏乱，且还应景地留着千篇一律的胡子！像这种情况，我问过那些喝得醉醺醺的胡子大叔，百分之八十的原因都是难以启齿的失恋——虽然在清醒的状态下他们死都不会说，可是酒后吐真言，不过，看到一个大男人在大庭广众之下号啕大哭，那样真的很尴尬。

不想看到路斯做出什么引人注目的事，当然更重要的是我见不得衣冠不整的人，我的一双手早已自发地给他整理门面了。没想到路斯大吼一声甩掉我的手，丝毫不领情，令我有些尴尬。也罢！失恋的人心情是比较差，我不跟他计较。我同情地拍拍他的肩，识相地静立一旁。

路斯背对着我望着大公主和莱恩私奔的方向，不让我看见他的表情，惟一泄露他心事的，只有紧紧握住的拳头。

天哪！让他失恋的不会是大公主吧？可怜的路斯！我安慰他道：“工作是忘却痛苦的良方，要不要试试我家的全能男佣速成班？”看到他脸上的表情，我连忙补充说："还有短期函授课程！名师讲解，注重动手能力的培养，全方位地帮你消除疑难杂症，保证学有所值。来吧！路斯，化悲愤为力量，加入佣人的大家庭吧！"

路斯沉默中，不知道是不是我听错，头上怎么好像有乌鸦的叫声？良久，就在我忍无可忍这么一个邋遢家伙怎么可以在世界上存在时，路斯开口了。

"好吧！"这两个字一出口，就像解禁似的，我的手疯狂地在面露惧色的路斯身上、脸上招呼，几乎没用什么时间，看着眼前干净得几乎可以反射的亮晶晶奶油小生，我忍不住夸奖自己干得好，又刷新了记录。哈哈，我的佣人技术好像进步了。

可惜路斯不懂欣赏我的美学，反而一副心灵和肉体饱受惊吓的表情，继而恶狠狠地说："我受够了！一碰上女人就没好事。我要泄愤！"

我惊慌害怕地一步步后退，接着很没形象地摔了个四脚朝天，才明白他是在吓唬我寻开心。哼！可恶！他还在笑！不过……算了，他总算不再难受了，为了朋友牺牲这么"一点点"形象还是值得的。

恢复平常样子的路斯在对我私自偷跑兴师问

罪后，力邀我回到他们的队伍中，我为难地跟他说明我必须回到利马的直辖市古鲁。

他却哈哈大笑说：“真是太巧了！刚传来原雷索里第一大臣阿尔麦大公爵的儿子号召群雄要为雷索里复国的消息，老大还想去看看究竟。这下正好，我们同路呢！”

什么？我简直不敢相信自己的耳朵，是索罗斯！他要跟强横的利马抢回我们的国家？这下我更急着要回归故里了。可是这里是东之大陆，离西之大陆天遥地远的，唉！什么时候才能到呀？

路斯一脸的惊讶，“你不知道吗？有快捷方式呀！真不知道你是怎么来东之大陆的！哈哈，该不会笨到用两只脚走来的吧？”

先不管他话中含有的贬低意味，我欣喜若狂地跳起来。有快捷方式？太好了！我的脑子里立刻浮现出一个瞬间越过千山万水、转眼便到故土的超级魔法门……

哎哟！兴奋过度牵动了元气大伤的身体，好痛！不过这点“小小”的疼痛怎么能阻止一个女佣想回家的熊熊烈火！哈哈哈！旧时的雷索里王都，现在的古鲁城，我回来了！可是……不！身体“一点”都不痛，我是硬派女佣！我从来不哭！真的！

第6章 空间传送

大家都没看清楚过程是怎么回事，我回头想问厉害的老大，却看见他怔怔地盯着一个方向，我顺势看去。哇！仙女！只见一个蒙着面的白衣少女正姿态优雅地抚平被风吹乱的长发，虽然她只露出双眼，可是世间的一切美好仿佛都蕴藏在那波光潋滟的双眸中，她的风姿，她的仪态，迷倒了在场的所有人，可是我只在乎她一尘不染的衣着。按理说，出门在外总会有一些风沙，可是她在那里站了那么久居然洁白异常，真是厉害！哪个女佣的杰作？真想向她学会这门技巧，不过她似乎朝这边狠狠瞪了一眼，老大才如梦初醒地收回目光。

第六章　空间传送

不是吧？这就是“超级魔法门”？

看着在排了半天队之后才出现在我们视野中的杂草丛生的坟地，让原本充满期待和幻想的我好半天说不出话来，威严气派的大门幻象彻底破灭了；更过分的是，本来使用空间传送通道要缴费也无可厚非，可是在进入这个明显年久失修、满是东倒西歪的墓碑和冥牌的坟场之前居然还要再付一次费买门票？摆明就是坑人嘛！

立刻有两个不甘心被宰的仁兄气鼓鼓地跑出来。

“可恶！这种鬼地方也要大爷付钱？兄弟们，上！”

一下子跑出几十个全副武装的凶神恶煞，朝那两个一点气势也没有的收费员模样的人猛地发动攻击。

老大微微一笑道。

“自讨苦吃！”

既然英明的老大如此说，我也很相信他们的悲惨下场了，尤其左边的那个收费员更是隐隐散发着被压抑的力量，让我体内的怪力蠢蠢欲动；虽说对女佣的工作没什么帮助，也许这股异常的力量可以用做实力探测器也说不定。

攻击的一方绝招尽出，特别是一个拿着隐隐有光彩流动的兵器的大汉，每一次攻击都带着风雷之声。

右边的收费员微露惊讶。

“神器？”

那大汉嚣张地大笑起来。

“没错！这就是神器‘哈泰弗门’。怕了吧！可惜你们知道得太晚了，受死吧！”

那收费员冷冷一笑，微微一抬手，那神器突然出现在他手中。

大家都没看清楚过程是怎么回事，我回头想问厉害的老大，却看见他怔怔地盯着一个方向，我顺势看去。

哇！仙女！只见一个蒙着面的白衣少女正姿态优雅地抚平被风吹乱的长发，虽然她只露出双眼，可是世间的一切美好仿佛都蕴藏在那波光潋滟的双眸中，她的风姿，她的仪态，迷倒

了在场的所有人，可是我只在乎她一尘不染的衣着。按理说，出门在外总会有一些风沙，可是她在那里站了那么久居然洁白异常，真是厉害！哪个女佣的杰作？真想向她学会这门技巧，不过她似乎朝这边狠狠瞪了一眼，老大才如梦初醒地收回目光。

就这么一会儿工夫，场中十几名武夫已经面如死灰地失去战斗力。

那收费员充满杀气地举起右手，“实力不如人，还敢挑战政府收费人员？代价就是你们的生命！”

我一看，连忙冲出来大喊。

“慢着！”

看到连一直没出手的、左边那隐藏实力的收费员收起松懈的表情，两人对我摆出“不要命的就来”的神色，而担心我安危的同伴们也纷纷拔出武器向这边靠过来，我马上解释：“你们误会了，我是爱好和平的女佣，我没有冒犯两位大人的意思。”

两人半信半疑地看着我。

其实我本来不想说的，可是一看到四周的情景，滔滔不绝的话就自动倾泻而出：“我只是想向两位大人提点‘小小’的建议，我不是想阻止大人执行公务，可是为了莱因司和整个大陆人们的生命安全，我建议大人最好把他们火化。”我指指暂时还没达到火化标准、脸色黑了一大半的众武士，看着眼前一脸莫名其妙的收费员。

“你们看，这里这么脏、这么乱！都没有人好好整理过，什么虫子老鼠都有，我们女佣最了解了，病菌大部分都是由他们传播的；而且这里埋了这么多死人，又不好好照顾，你看那边的‘某某公之墓’，都破烂到能看见里面的尸体了。尸虫和尸毒你们知不知道？破烂暴露的坟墓会大量地跑出这些东西，一旦染上，就算是光明大祭司也救不了这么多人。

“你们想想，每天都有那么多人从这里到西之大陆，那样会携带多少致命的病毒呀！如果那边的传送通道也像这边的一样，那东、西大陆就疫病成灾了。现在流行的最环保、最卫生的办法就是火化，可以缩减丧葬费用，还可以减少国家耕地面积的占用，真是安全又经济。所以，我建议大人办完‘事’之后应该火化尸体；当然，最好就是换个地方，如果你们实在对墓地有偏好的话，可以搬到火葬场去呀！”

其中一个实力强劲的收费员张大嘴半天，终

于挤出一句话。

“胡……胡说八道！谁会对墓地有偏好！小丫头凭什么命令我们！”

胡说八道？我本着为大众健康着想的女佣精神跟他们讲防治疾病之道，他们都没好好考虑就否决了我？就是有这种轻忽疾病预防的家伙，才会使大陆疫病的感染率这么高。一想到我下一个工作的主人有可能就因为这样而染上疫病，我心中的女佣之火就熊熊地燃烧起来。

“算起来，你们应该是国家公务员吧！既然是代表政府在这种进出通道处收费，应该就和海关差不多，你们有没有想过这里是莱因司对外开放的窗口？这么破旧脏乱，人家外宾进来一看就对这个国家印象不好了，其他大陆的人会怎么想？莱因司穷到连海关都这么寒酸破烂，难怪会一个劲儿地收费，原来是缺钱呀！看到这里这么不卫生，到处是病菌，人家就会想他们那里蔓延疫病，会不会是从这里传过去的。你们不觉得你们在破坏莱因司的国际形象吗？”

两个收费员和周围的人一副下巴快掉到地上的样子看着我，现场连根针落下来都清晰可闻，我越来越大声地继续讲我的道理：“国际形象一旦被破坏，那莱因司的国际地位就会下降，这在国际政治中是多么不利呀。你们不但令莱因司蒙羞，还使外交大臣这么多年所做的外交努力都白费了；你们这样做，对得起栽培你们的国家吗？对得起提拔你们的上司吗？对得起民族吗？更严重的是，政治和经济是息息相关的，还有卫生保健……”

我话还没说完，突然哐啷一声，钱箱从呆滞的收费员手中滑落到地上，唉！这人作为国家公务员真不称职，居然这么随随便便乱丢国家财产。我好心帮他捡起来，才发现……奇怪，怎么他的眼睛好像没有焦距的样子？就连我在他眼前摇手，他的眼睛都不眨一下；再看看旁边的另一个，居然也和他一样。

他们是怎么了？我担心地想凑上前查看，然后再叫医生，突然一只手阻止了我，是老大。他怎么一副刚刚清醒的样子？老大好像很迫切地要把我拉走，可是我的话才讲到卫生保健，还没讲完呢！

老大瞪了我一眼。

“你想闹出人命吗？”

我说话跟人命有什么关系？既然老大不允许，我也只好留待下回分解了。

这一天经过空间传送通道的人算是赚到了！

因为收拾过无数挑战者、实力强大的收费人员无法动弹，所以全都免费通过；不过每个人都不感叹自己的好运，反而充满感慨地道——

“好厉害的精神攻击！我从来没这么佩服过一个人！”

“我现在才明白这世上最强的是什么……”

可是，事后的传送通道一点也没改善，导致大陆爆发有史以来从未见过的传染疾病，这是后话，暂且不提。

据说，这个传送通道本来是莱因司政府极力隐藏、花了大笔预算的永久魔法装置，要不是无意中被人发现，可能永远也不会公开作为民用。

进入这个大型空间魔法阵时，老大很小声地道。

“很可能当初是把这里用作军事目的……”

可是，我却听得一清二楚。如果老大说的是真的，那就是说莱因司想侵略东之大陆？慢着，信道……预算……似乎有什么一闪而过，可惜我的大脑充塞着归乡和找工作的事，很难集中精神去思考前因后果。

出口到了！我兴奋又激动地踏上西之大陆的土地……呃，还真的跟我想的一样，又破又烂的一个废墟！如果不是连接东西大陆的传送点，根本不会有人来这里。唉！我叹了口气，因为所有的队员都一而再再而三地叮嘱我不要说话，真不知道他们在紧张什么。呜呜呜！可怜的我，不但失业，连言论自由都没有。

身边的人突然朝同一方向转头，我也看过去，原来是那蒙面美女轻飘飘地走过，我崇拜地看着她。好厉害哦！她的衣服还是纤尘不染，是用了什么牌子的去污剂？好学不倦也是一个奋发向上的女佣必要的条件，本着这种家族流传下来的佣人精神，我带着自认为最善意的笑容一步一步走向那飘飘若仙的美女。

然而，没想到我的善意在美女眼里却概括成一句话——

“白痴！”

这么充满善意的笑脸，她居然说我白痴？我深受打击地想转身回去，一股熟悉却不易察觉的微弱气息引起我的注意，如果不是不久前才受过同种事物的攻击，我也不会这么容易发现到。这是属于身处地狱最底层、被冥神隆克美尔制造出来的宠物双角冥蛇的波动，此蛇毒素之烈，只要稍稍碰一下它的身体，就立刻中毒身亡，而且无药可救；不过它有一个致命弱点——见光即化，

所以召唤它的人只能把他密封在暗无天日的地方，时机一到再把它放出，立收奇袭之效。

可是，这股双角冥蛇的淡淡气息居然是从那好像不沾染一丝尘埃、白衣如雪的美女身上传出来的。难道这么个仙女似的人物竟然会是信奉冥神的奥姆教祭司？

克里斯蒂娜在后面叫道："伊利莎，你在干什么？我们该走了！"

我应了一声，转身刚走一步，听到背后那蒙面女子惊呼道——

"索罗斯，你来接我了？"

索罗斯？我吓了一跳，连忙转头，只见十步开外站着一伙人，其他人虽然也很出色，可是大家都没有注意到，因为他们的光芒都被其中一个人盖住了。虽然相隔三年，我还是一眼就认出带着高高在上贵族气质的他。即使外貌随着成长改变了一些，他还是那个散发着强大自信、惟我独尊的索罗斯！

我惊呆地看着蒙面美少女嘤咛一声扑到索罗斯怀里，一反之前冷若冰霜的态度，小鸟依人地挽着索罗斯的手不断与他谈笑，眼看他们就要走了，我连忙举手招呼："等等！索……"如果不是眼睛余光突然瞥见老大脸上的黯然，也许我会叫住索罗斯与他叙旧，可是现在的我已经能够看懂别人脸上的一种叫“爱慕”的表情；在老大暗自伤心失意的时候，我怎么能跑去跟他的情敌聊天呢？这样不是使已经受到打击的老大更受刺激吗？那种没有义气的事，我伊利莎是绝不会做的。

先给失意的老大友情支援，然后再慢慢去找索罗斯吧！他现在要复国，名气大着呢，应该很好找，再说对这个高傲的旧识是否能响应我的友情这一点，我实在没有把握。

可是，当我目送索罗斯和那女子相伴走远时，一种感叹于旧识的变化和昔日不再来的淡淡寂寞涌上心头，随即我想起下落不明的克拉德和小奇。唉！

据了解，这里是原雷索里邻国肯贝克边境的一个人迹罕至的废墟，要不是这两年莱因司空间传送通道的曝光，这里根本就不会发展起来。所以，当我们走出废墟，入眼的却是跟里面的荒凉大相径庭的热闹小镇；看着眼前车水马龙，人群来来往往，我实在有些不适应。

老大说他要休息，叫我们自由行动，看着老大的背影，我担心他说是要休息，实际上是避开别人独自疗伤；正想跟上去，路斯阻止了

我。我惊讶地看着大家眼中传递的讯息，这才明白原来大家都看出来了。可怜的老大，一点秘密都没有！

大家都分头做自己喜欢做的事，有的倒头就睡，有的要去买装备，至于女性同胞嘛，除去黏着自己的“阿娜答”一起行动的之外，不是聊天就是逛街，我以要打听亲人的消息为由谢绝她们的邀请，不过这帮女人是不会接受拒绝的，一大票人拉着我说一边帮我打听消息顺便逛街之类的话就上路了。

说是这么说，可是漂亮的衣服和饰物是可以使女人失去理智的，一干人一进到商店里，什么打听消息为主、逛街为辅统统抛到脑后了，趁着她们兴高采烈地试这试那的时候，我偷偷溜出去打听亲人和马纳塞斯先生的消息。由于战乱，我的亲戚们都搬家避难了，被我那急着寻找‘第二春’的老妈丢到亲戚家的曾祖父如今也不知流落何方，问遍了整条街，都没有人做出摇头之外的动作。

此时，突然传来一个苍老的声音。

“小妹妹！”

我抬头一看，一位面容慈祥的老爷爷站在我面前。

"我看你没找到人很难过，他们应该是你很重要的人吧？"

我想起这个老人也是刚才大摇其头的一个，对他的出现不由得纳闷起来。

老人笑道："呵呵，让一个小姑娘难过是我最不愿意看到的事。虽然我没看见你要找的人，可是你可以到红炎城去，那里有全大陆最大、消息最灵通的冒险者工会，可能会对你有帮助。"

我大喜，满怀感激地向他道谢，老人赞赏地朝我点点头。

"这么单纯肯相信人的孩子如今已经不多见了，小姑娘，保持你的纯真吧，没有什么比无忧无虑的笑容更适合你了。"

我又是高兴又是不好意思地笑着低下头，等我抬起头一看……啊？人呢？

我几乎怀疑刚才的那一幕是在做梦。那位好心的老爷爷就如同他的突然出现般突然消失。一阵风吹过，带来几片落叶，我猛地从发呆中醒来，想起自己不说一声突然跑出来，想必让大家很着急吧！我连忙赶回商店，入眼的却是那帮购物狂竟然在跟一个带着两个男士的女子为一块布争吵不休，看到我来了，她们就

迫不及待地招呼我给她们壮大声势，居然没有一个人注意到我是离开又回来的。

有点心情低落地看了看引起争端的那块布，我叹了口气。

“也不是多高级的布嘛，完全不值得这么争吵呀！”

一听这话，嘈杂不休的争吵声顿时停下来，大家都好奇地等待我的解释。

这种鉴别布料的事，我在十岁时参加女佣全职训练后就已经不放在眼里了。当我环视四周几十双迫不及待的眼睛时，感觉自己就像专家在做演讲。“很明显嘛！你们看这线与线中的缝隙，一点都不符合我们家族的‘布匹缝隙标准’。”

听众开始交头接耳窃窃私语，我猛咳一声，周围全静下来，看看她们，觉得自己好有知识。“不知道？我告诉你们，根据我们家历代擅长选料和缝纫的女佣经验总结出的布匹缝隙标准，绝对是检验布料质量的惟一标准，是无数先辈用汗水换来的智慧结晶。它分为五大类，第一类是次品，主要特点是缝大线粗，这一类只要凭手感和观察就能轻易辨出。这匹布属于第三类，虽有高级的丝线做原料，摸起来手感不错，可惜作工太差，缝隙大小不均匀，糟蹋了一块好布。”

众人看看那块被扯来扯去的布，也不管商店老板难看的脸色，连忙把它丢开。

“还有呢？其他的类型呢？”有人着急地问。

开玩笑！全都告诉你们了，那我们女佣还拿什么出来混？我只能抱歉地回答。

“这是我家的商业机密，不能告诉你们太多。”

那带着两个男士的红衣少女好奇地问：“你们家是哪里的大商家？”

“除了佣人，我们家不考虑其他职业。”我斩钉截铁地说。

现场顿时陷入死一般的沉默。

突然，杂乱的脚步声和盔甲撞击声打破了安静，一个将领模样的人领着大队士兵挨家挨户地搜查，一小队士兵闯进来，打开一张画。

“你们有没有见过这个人？”

画像上的人显然是索罗斯，没等我阻止，我们的女队员就老实回答了——

“在空间通道外见过一次，后来就没见过了。”

这位士兵细细打量我们在场的女性，突然露出不怀好意的笑容。

“上面说了，不可放过任何线索。所以，弟兄们，仔仔细细地给我搜。”

看着一步步朝我们走近的士兵们，我总觉得他们的笑别有用意。

克里安娜用手肘碰了碰我。

“准备！”

啊？准备什么？没等我反应过来，在场的女性都拔出武器。

“胆敢碰我们一根汗毛，就要你们的命！”

我很犹豫要不要跟她们一起对抗士兵，老是打架的话，我真的会变成不良女佣的，到时候我就一点行情也没有了；可是袖手旁观又显得不够朋友。

老板抱着头瑟瑟发抖地缩在墙角，商店里充满了一触即发的火药味。

突然，大批士兵涌进来，那将领模样的青年从士兵让出的一条通道走出来。

“怎么回事？我听说这里有袒护叛乱分子的暴民，在哪儿？”

顺着士兵的指向，他带着兴味的眼光打量我们，“真是出乎我的意料呀，与我作对的竟然是几个美丽的小姐！女人还是应该温柔点，别舞刀弄枪的比较好。”没等几位脾气火辣的女性发作，他却惊讶地道。

“恕我眼拙，这位高贵的小姐是不是红炎城城主大人的千金？”

我大吃一惊，转头望向那在两位很勇猛的男士保护下的红衣少女。

有着妩媚双眸的红衣少女微微撅起红红的小嘴，“不好玩！这么快就被认出来了！喂，你可不可以当做没看见我？”

那青年将领很无奈地笑道：“红炎城的潘德寇茨城主还特意拜托我留意他私自离家的淘气女儿，在下也很为难呀。”

红衣少女用她大大的眼睛瞪了那将领一眼，心不甘情不愿地带着两个威猛的男子走了几步，忽然回过头指着我。

“我要带她回去！”

哈哈！求之不得！虽然这个千金小姐没有尊重他人意愿的想法，可是我一点也不在意。不过对于红衣少女话中的蛮横无理和似乎想抢人的态度，再加上刚才因为一块布结的怨，新仇旧恨，我的同伴们扬起武器准备同城主千金及其同伙带领的大批人马大干一场，克里安娜还

叫我快点走。我当然是很努力地冲出来向红衣少女表达我十分乐意随她去红炎城的诚意啦！

在大家惊愕的目光中，我快乐地跟同伴们告别，很感激她们刚才维护我，还叫她们替我转告老大我的离开，有点奇怪她们一脸好像我是去牺牲受苦的表情，似乎还听到说我是不想她们受伤才牺牲自己之类的话。我满脸笑容地朝她们挥挥手，踏上了前去红炎城寻找家人的路。

第7章

“奉献之心”

大法师先生缓缓地说：“我的结论就是，三年前你受伤的时候，心脏已经停止了跳动，其实现在在你身体里代替你的心脏跳动的是‘奉献之心’，意思就是牺牲自己的生命，把跳动的心脏奉献给别人。这是只有忠心护主的顶级召唤兽才能做到的事，小姑娘，恐怕你的召唤兽已经死了。”

第七章 “奉献之心”

在奇迹般的巧合下，我被看上我家的“布匹缝隙标准”的红炎城城主之女缇拉蒂娜“强行”带走。

一路上，满心期待能得到亲人消息的我在众人难以置信的眼光下，每天勤快地把周围士兵的衣服洗得干干净净，还把他们破旧的衣服补好，盔甲也擦得亮亮的，有个士兵还发出惊叹说连锈都没有了。由于我的劳动，士兵们感觉舒服多了，对我的感激也日益增多；不过我不在乎这些，只要看到我的佣人工作能让大家露出满足的笑容，我的成就感就会无止境地膨胀。

那个叫崔斯加的青年将领疑惑地问我：“你是不是强颜欢笑？如果你想借助帮我们做事降低大家的警戒心好逃走的话，我奉劝你还是死了这条心吧！”

你哪只眼看见我强颜欢笑了？

我啼笑皆非地看着陷入妄想的男子，辩都懒

得辩，干脆说：“你的衣服好几天没洗了，要不要我帮你洗？”

崔斯加愣了一下，默默地把衣服交出来，从此再也不问这些问题。

我们一路上倒也太平，偶尔遇上几个小贼也被士兵们轻松打倒了，可是当我们深入肯贝克国内时，只觉得入眼的越来越荒凉，和边境的繁华安宁截然不同，大多数村庄都荒废了，坟墓和乌鸦比活人还多。

当一个瘦得只剩下骨头的小孩向我们乞讨时，我震惊地注意到他深陷的肚皮和饥饿疾病折磨得变了形的身体，以及有别于其他同龄孩童的死气沉沉的双眼，不顾周围士兵的阻拦，我立刻把身上全部的食物都拿了出来；还没等我递给他，小孩已一把抢过去，狼吞虎咽地往嘴里塞。

一个老兵对泪眼迷蒙看着小孩走开的我叹了口气，“你不应该给他食物的，我们这次要被你害惨了。”

什么？难道说我挽救一个快要饿死的小孩错了吗？没有什么比救人更重要了。作为一个女佣，可以唠叨，可是绝不能冷血，这是佣人家族订的女佣守则之一。我生气又难过地想走开，没想到不知从哪儿突然跑出一大堆饥民，带路的正

是刚刚得到我帮助的那个小孩。

我不敢相信地看着这些饥饿的人民一点也不畏惧全副武装的士兵，恶狠狠地朝我们扑来。

老兵无奈地拔出武器。“他们是想抢光我们的东西，虽然他们是无辜的平民，可是最教人害怕的也是这些被饥饿逼到绝境的人。他们连死都不怕！”

为什么占上风的反而是那些面黄肌瘦的平民？为什么我刚刚才帮助过的小孩看我的目光这么冰冷？

我感觉自己的心冻得一直往下沉。

红炎城就在眼前，可是我却提不起精神。那一场不合理的官兵与平民之战在崔斯加大人以麻痹敌人闻名的魔法剑“阿古特鲁”大显神威下终结，可是那个老兵发出的感叹令我一直耿耿于怀。我不由得这么猜想，这是人性并不美好的意思吗？

我从小生长在雷索里王都，所见所闻都是太平无事的景象，就算我家再穷，也还能满足温饱，到后来从塔塔落村出来，所经过的都是大城市，最后见到的肯贝克边境，又因为空间通道而异常繁华。所以，我本来还以为到处都和雷索里王都差不了多少，直到现在我才对这个世界有了点真正的了解。

那一幕给我留下了深刻的印象，以致至于好几个晚上在梦里都被那孩子没有温度的眼睛吓出一身冷汗。这次我不知轻重给别人添了麻烦，虽然可以说是人生经验太少的缘故，可是作为一个要对别人有帮助而不惹麻烦的女佣来说，这种行为足够让我自责懊悔一万次了。

原本处于心情低落状态，我一边走一边给旁边的一个士兵修补行囊，心情一下变好了。真是不可思议！而红炎城城门外早已有一辆马车和几个老老少少在等待，迎接城主的独生女回家，不用说，我当然是被当做大小姐带回家的“附属品”啦！

临别时，崔斯加悄悄对我说：“如果你想逃跑，我们一致认为应该帮忙，当然，只是暗中帮忙。”

看来我勤劳不懈地为这些单身汉们服务已经赢得他们的好感。

我心情很愉快地和缇拉蒂娜小姐的贴身女佣跟着马车并排走着。

这个城市非常热闹，走在大街上的人大多带着武器，足见这里尚武成风。

不过，再繁华的城市也会有乞丐，那边有一对引人注目的乞丐，其中一个瘸了一条腿，面向大街摆了一个破碗等人施舍，虽然很可怜，可是还不能构成惹得行人纷纷侧目的条件；重点在于另一个看起来和他一伙的老乞丐竟然优哉游哉地挨着他坐在地上看报纸，这一幕已经不协调到让人说不出话来了。

我一直望着这一对诡异的乞丐，觉得他们一点敬业精神也没有，好歹也装一下。我看就算找遍全大陆，也没有人是一边乞讨一边看报纸的。这不是耍人吗？

慢着！怎么那两个丢脸的乞丐越看越眼熟？随着马车的前进，我的头也扭得越来越厉害，有一个想法突然跳到脑海里，我难以置信地把脖子扭到了极限，视线快要被墙挡住了，不会吧……那两个诡异的乞丐感觉怎么那么像我的大伯和曾祖父？

女佣也要有大胆假设、小心求证的科学精神，可我还没跑出几步就被人死死拉住。“我不逃，我只是想亲眼验证一个不可能发生在正常人身上的事实。”

没人相信我！可恶！这个大小姐的贴身女佣到底是吃什么长大的？怎么会有这么一身恐怖的

怪力？

因为觉得使用魔法有点胜之不武，我就这样与很可能是我的亲人的两个乞丐失之交臂。

揉着酸疼的胳膊，我被带入了一间明亮的房子里。

带路的管家说：“你最好老老实实待着，能让我们大小姐带回来，对你这种下人来说是天大的荣幸，别不知好歹！这里是武力强盛的红炎城，你惹不起！好好想想吧！”

我根本就没把他的话放在心里，红炎城可能很不好惹，可是一个以登上全大陆佣人界的光辉顶点为目标的女佣也不是好惹的呀！

用了一点“小小”的召唤魔法，我轻而易举地挥开犹如烂纸一般的门，看了看在月夜下那只眼中闪着要吃人般的红光的丑陋怪兽，我不禁分外想念小奇。唉！怎么乔得罗先生的召唤魔法净是召唤出一些怪模怪样的兽类？他都没有考虑过施法者的视觉伤害吗？改天见到他一定要他把这个魔法改良得美观一点。

那庞大的怪兽（叫什么“哥美尼路”的怪名）隐身于黑暗中，我轻手轻脚地跟着它穿过庭院，一阵说话声从一间透着灯光的大厅传出来。

“这次大法师来到红炎城真是我们的荣幸，

大法师堪称魔法师界的泰斗，特别是您改良过的次级禁咒魔法，更是所有不能使用禁咒的魔法师的福音。”

次级禁咒？

我知道他是谁了！

他是个比莱因哈特大法师还有名的人物，他在魔法上的天赋使他在少年时期就已经人尽皆知，禁咒是需要极为高深的魔法实力和精神力才能学会的，其困难的程度，即便是大魔导师，一两个禁咒也已经是极限了，而他却学会不下十个；更为难得的是，有感于大多数热爱魔法的魔法师由于天资条件所限不能使用禁咒的痛苦，他把禁咒改良成适用于低一级魔法师使用的次级禁咒，虽说威力和等级降低了不少，可是对于全大陆不能施出禁咒的魔法师来说已经是想都不敢想的事了。

现今很多实用性魔法都是他创造出来的，他的许多事迹都被当做传说为世人传诵，他的威望无人能及；他就是站在所有魔法师的顶点，鼎鼎有名的魔法师界泰斗特拉维帝斯！我的天！这么顶级的人物居然近在咫尺，无法克制激动兴奋的心情，我恨不得立刻冲进去见见这位传说中的超级大魔导师。

只听一个苍老的声音说：“呵呵，城主大人过奖了，我只是一个狂热追求魔法极致的人，没有你们想象中那么伟大。最近大陆上的魔法元素发生异常的变化，我到这里来也只是想为自己解惑而已，城主大人不必劳师动众，因为我和我的助手必须到城中各处寻找一些蛛丝马迹，恐怕有什么不便之处，特来知会城主大人一声。对了，城主大大今晚有没有请特殊的客人？”

另一个声音疑惑地说：

“大法师今晚光临寒舍，我怎么还会招待其他客人？”

听到这里，我已隐隐感觉不妙，对哥美尼路一挥手，没等我转身，里面的大法师已朝我这个方向说道——

“请问，外面使用暗黑魔法的这位客人又是谁？”

（作者：“史上最强”并不意味着通常所说的武力或魔法天下无敌，而是指一种精神。我并不打算把主角写成那种无人可挡，甚至连神都能打败的、强得离谱的人。本书的主角到现在还只是相当于一个中级暗黑魔法师的实力，要是真的跟魔导师级的人打起来的话，她是绝对会死翘翘的。当然她以后会更强一点，可是论魔法实力，

她并不是最强的，她最强之处就先不点明，大家看到最后的惊世大战就知道了。）

对方可是魔法师界第一把交椅的特拉维帝斯大魔导师，我怎么会笨笨地在这位超级魔法师附近偷听，不被发现才怪呢！

我拼命地跟着哥美尼路跑，心里觉得自己做事真是有欠考虑。想到就连特拉维帝斯大魔导师都说我使用暗黑魔法……呜呜呜！看来乔得罗先生教我的都是人人避之惟恐不及的暗黑魔法了。他当初教我的时候怎么不事先跟我说一声呢？也罢！也罢！我不应该有魔法歧视，反正它也很好用的。

在嗅觉灵敏、知道避开危险的哥美尼路的带领下，追兵的声音离我越来越远，总算可以停下来喘口气了。呼！感谢丑丑的哥美尼路的动物直觉，虽然我还是没有逃出这个府邸，可是至少现在是安全了。

突然一个苍老的声音响起：“呵呵，原来是个小姑娘在捣蛋。有我在这里，想逃跑还要费点工夫哦！”

一听到这个声音，我就暗暗叫苦。

我怎么会忘了这位我永远难以望其项背的大法师呢？凭他老人家高深莫测的魔法实力，我这

格兰特（莱恩斯王国的三王子）

有古怪！我越想越觉得不对劲，“他”的坐姿怎么看都不太自然，对普通人来说他的姿势也许没什么，可是在一个女佣的眼里却觉得不寻常，因为“他”出身王室，绝不可能像一个粗俗的大叔一样不雅地一只脚踩在凳子上。要是在以前，我也许会傻傻地上前就说“格兰特，你在干吗？”，可是随着年岁和阅历的增多，我知道做事之前应该要考虑一下，凭他的奸诈，不会无缘无故做这种反常的动作。他想向我暗示什么？

只小虾米怎么会逃得过渔人的大网？呜呜，我想逃出这个困着我的庞然大物，我想见我的大伯和曾祖父！

“你别哭呀！别想来眼泪攻势这一套，我‘最’不怕女人的眼泪了。”

声音有些慌乱，到后面竟然变得有点像年轻人的声音。

我大惑不解地抬头张望，只见一个儒雅少年从暗处走出来。

他颇为烦恼地道：“露馅了！本来还想装成老师拖延一下时间的，没想到你却给我来这一套，这回又要挨老师骂了。”

我有些了然地看着这个装神弄鬼又因为女人的眼泪露馅的细长眼睛少年，他应该是大法师的助手吧？

哥美尼路朝少年吼叫，蓄势待发地把身躯往后倾，少年面色顿时凝重起来。

“看来是高级的召唤魔法，这是……哥美尼路？看守地狱大门的凶兽？”

他说什么？地狱大门的看守兽？作为一个行为优良的女佣，我怎么会犯这种低级错误？我后悔莫及地大叫起来。

“惨了！我把人家的看门兽召唤了过来，万

一有人入室行窃，造成什么私人财产损失的话，不就是我的责任了？”

少年张大嘴看着我。

我扯着头发仰天长啸，“为什么会发生这种事？哥美尼路的主人一定会把损失算到我头上，我妈肯定连一毛钱也不会付，直接和我断绝母女关系，我就要成为负债累累的女佣了；倒霉的是，万一不是入室盗窃，而是入室杀人，那我的行为不就构成情节严重的间接犯罪了？佣人家族的族谱里一定会被我添上羞耻的一笔！我不想成为有史以来第一个背负巨额债务或者是间接杀人责任的女佣呀！”

突然，匡啷几声，呆若木鸡的少年身上掉下许多魔法道具。

最近的人是怎么了，老爱往地上掉东西？我叹了口气，好心提醒还没反应过来的少年：“你东西掉了。”

少年这才如梦初醒地蹲下去捡东西，最厉害的大法师助手也不过如此。

越想越害怕，我连忙转头斩钉截铁地对哥美尼路说：

“快点回去看大门吧，免得有人闯空门；还有，看大门的也算是一种门面，有空记得去美容哦！做个好狗狗，别给你主人丢脸！”

那少年又砰的一声摔了一个大跤，刚刚捡完的东西又散落到地上，身体还剧烈地抖动。

没看到少年那抖到站不起来的身躯上满是快断气的笑意，我摇摇头。真是的！特拉维帝斯大法师先生选助手的标准到底是……

由于前来阻挡我的大法师助手似乎身不由己地还在一边用拳头敲打地面一边不断颤抖，如果不趁这个机会逃走，可能就再也出不去了，我毅然决然地转身就跑！大伯，曾祖父，等我！我来找你们了！

我看着发白的天色下无人的街道，只觉得一身轻松。对了，得赶快去找那个地方。问题是我初来乍到，这里的路四通八达，根本不知道怎么走到昨天发现那两个可疑乞丐之处。我望来望去，既不知道该走哪条路，也不知道我想找的那条路叫什么名字，老爷爷提过的冒险者工会到底怎么走呀？正苦恼时，一个扫大街的、面色阴沉的老妇人缓缓地朝这边而来，对于这大清早出现的第一个人物，即使她神色不善的脸上明白写着她心情不好别烦她，我还是喜出望外地冲过去向她问路。

但我话还没说完，老婆婆的扫把已正对我的脚扫过来，哇！她到底是无意地还是故意地，老往我这边扫呀？凭着佣人家族练出来的敏捷身手，我左闪右跳地避开她力道惊人的扫把，根本就没有空隙开口说话。真是莫名其妙！我不就才说了几个字而已，她干吗发这么大脾气？

最后结果是两败俱伤。

我气喘吁吁的看着同样上气不接下气的老婆婆远去，话都说不出来了。搞什么！一个扫大街的老婆婆居然也有这样不输给年轻人的充沛体力？这是什么世界呀？

我弯着腰喘气，无意中却看见地上掉落一样东西，好奇地捡起来一看，是一把精美的小梳子，年代久远，上面的涂料已有些脱落，是刚才那个老婆婆掉的东西吗？可怕的是，上面居然刻着“给最美丽的小可爱”。

昨夜睡得不多，逃跑又耗费了大量的体力，再加上刚才的诡异事件——比体力竟然赢不了一个年迈的老婆婆。这么多年的佣人体力训练都白费了，此时的我只想找个地方消除疲劳，好好补充一下体力。

大城市中最不缺的就是旅馆和酒馆了。不过这个时候酒馆大多数还没开门，我有气无力地经过一间大门紧闭的小酒馆，无意中瞥见墙上贴着一张“大陆最大的冒险者工会地址搬迁”的纸，我猛扑到墙上，张大睡意蒙眬的双眼仔仔细细地把那张破破烂烂的告示看清楚……可恶！是谁偏偏把后面那段撕去了？

我正在埋怨运气太差，被我踩在脚下的一张告示引起我的注意——

“敬告各位市民，经查明本市一家谎称大陆最大、消息最灵通的冒险者工会多年来一直用该名号到处诱拐无知孩童和妇女，行贩卖人口之实，本城治安人员经多位受害者亲属举报，连日来明察暗访，终于破获此贩卖人口集团……”

完了！希望的目标没有了，身体好像一下子泄了气，再也提不起脚步。没办法，我开始念乔得罗先生教我的“回复术”，这种魔法需要吸取别的生物的能量来补充自身的能量，典型的暗黑魔法风格。我的目标是墙角那边的一只壁虎，其实最好是吸取人身上的能量，可是我是女佣，女佣应该是帮助人保持或恢复健康，怎么能做毁人健康的事呢？

壁虎微乎其微的能量又冰冷又恶心，我忍着不适的感觉稍微恢复了一点走动的气力，正准备找间旅馆休息，突然一个颇熟悉的声音响起——

“暗黑魔法的波动就在这里！”

糟糕！我提起沉重的双腿想跑，一老一少突然出现在我面前。

须发皆白的老人严肃地说：“小小年纪就学会了暗黑魔法，真是霸道的‘回复术’呀！小姑娘太心狠手辣！”

含血喷人！找遍全大陆都找不到像我这么善良的女佣了。

还没等我辩解，大法师已发出一股强大到令人恐惧的魔法气息，我的心脏顿时猛烈收缩，好难受！这就是魔法界泰斗的实力！不，可能还不到他真正力量的十分之一。体内那股力量就像遇到强敌一般兴奋地想破体而出。怎么回事？心底深处似乎传来兽类的吼声……

那少年突然大声叫道：“老师，这里！你看这只壁虎！”

几乎可以肯定的是特拉维帝斯大法师的老人凝目注视了壁虎好一会儿，缓缓点头说：“看来小姑娘心肠不错，还有得救。伊利亚特，扶她起来吧。”

压力尽散，我本来应该松口气的，可是体内那股蠢蠢欲动的力量却好像找不到出口宣泄而愈滚愈烈。呜呜！我会变成什么样子？

伊利亚特惊道："老师，她的样子很痛苦！"

大法师面容一整，"慢着！先别动她！让我来检查一下她体内的力量。"

太好了！我也一直很想知道我体内到底是什么东西？

大法师的实力真是深不可测，当他在检查分析我体内的能量时，那股魔性的气息也不得不屈服于他强大无比的魔法力量，我体内的变化之谜终于要解开了。

大法师先生神情凝重地问我："你是不是有只召唤兽？"

小奇？我好想念他，可惜他好久都没有响应我的召唤了。我点点头。

大法师先生神色难看了一点，"你最近是不是遭遇过差点丧命的事？"见我点点头，他的脸色更加沉重。

"受重伤？"

没错，在利马军队进攻那天，我本来以为自己会死掉。我点点头。

"是呀，不过我命大，捡回一条小命，不过我失去了三年的记忆！"

大法师先生微微变色，"三年？难怪

了……”

我还不懂他问这些问题的意思，一旁的伊利亚特已经叫了出来。

“老师，我明白了，您的意思是‘奉献之心’！”

为什么他们都用一种悲悯的眼光看着我？到底是怎么一回事？

大法师先生缓缓地说：“我的结论就是，三年前你受伤的时候，心脏已经停止了跳动，其实现在在你身体里代替你的心脏跳动的是‘奉献之心’，意思就是牺牲自己的生命，把跳动的心脏奉献给别人。这是只有忠心护主的顶级召唤兽才能做到的事，小姑娘，很不幸，恐怕你的召唤兽已经死了。”

小奇死了？

哈哈哈，他在说什么呀？活泼可爱的小奇、撒娇爱闹的小奇、顽皮好动的小奇、喜欢对我恶作剧的小奇、陪伴我的小奇……怎么会死呢？他说的是不是大陆语呀？我怎么听不懂？是呀，我怎么会听得懂？

可……既然我听不懂，为什么视线会模糊？为什么所有的东西都好像泡在水中一样令人看不清楚？怎么我全身这么冰冷，就像掉在冰窟里，再也爬不起？

“不！”

我惊讶地发现这声凄厉的叫喊是从我的喉咙里发出来的，还有痛苦到发不出声的哭泣，也是从我的喉咙里涌出来的……

小奇！你这笨蛋！你怎么这么傻？傻到家地为我牺牲自己的生命？也许，你是和我开玩笑，哪天趁我不注意时突然蹦出来吓我一跳。对不对，小奇！

我发现自己还是无法哭出声，痛苦到了极致，也许就是无声了……

如果你不给我好好活着的话，我永远都不会原谅你！傻小奇！

我的大脑里一片空白，眼睛又酸又痛，似乎肿得很厉害，被泪水濡湿的脸颊也麻辣辣地疼，可是这些都比不上得知小奇的噩耗后产生的那种痛苦。

有生以来，我第一次尝到了失去的滋味。

早晨微凉潮湿的空气逐渐变得干燥温暖，一扇扇门打开了，周围的脚步声渐渐多了起来，街上小贩的吆喝声越来越嘈杂，这些平时常见的生活场景，在我最悲伤的时刻竟忽然变得鲜明起

来，老百姓的生活不断地流入我的耳里、眼里；奇异地，一股暖流缓缓滑过心房，有什么东西沉到内心的最深处，我感觉到小奇旺盛的生命力在心中跳动……

哦，小奇就在这里！承继它的心的生命，也就是小奇的生命，所以我应该活得更精彩！

眼界突然开阔起来，这时我才注意到手足无措的师徒二人，看来魔法界泰斗也和他的学生一样最“不怕”女人的眼泪。

在我一阵狼吞虎咽兼洗脸后，特拉维帝斯大法师开口了：

“其实你也不用绝望，世界上没有绝对的事。据我所知，有一种传说中的召唤兽具有非常特殊的再生能力，断手断腿自是不必说，只要不是完全割除它的心脏，它都能再生。不过，有关这种召唤兽的描述只有在相关的太古文献中有记载，应该是一种太古召唤兽，在现代已经没有人见过了。”

咦？我记得小奇好像就是太古魔兽嘛！这么说，小奇很可能还活着？太好了！

只要还有希望，我就不会放弃！佣人家族的格言就是“世道艰难，世人多是愚昧肤浅之徒，佣人必须坚持自己的原则，永不后退，方能攀上高峰。”抓住一点点希望，我一定要努力得到幸福。家人安然，朋友知心，追求梦想，这就是幸福了。

（作者：还有爱情，这个“猪脚”还没经历过的幸福的一部分，很快就要降临。）

心情豁然开朗，我对惊讶于我的突然转变的师徒俩说：“小奇就是太古魔兽，而且它原本是被封印在莱因哈特大法师收藏的一个古老卷轴里的。大法师先生，您说它会不会就是那种召唤兽？”

大法师先生惊道：“莱因哈特？”

师徒俩面面相觑。怎么回事？看他们的样子，好像有什么不对劲。

两人神情古怪地支吾过去，虽然有些疑惑，可是当别人不想告诉你时，一个女佣是不能强人所难的；再说，凭莱因哈特大法师的实力应该不会出什么大事才对。

伊利亚特突然像想起什么似地道：“啊，老师，我们不是要寻找大陆魔法元素异常的原因吗？这么严重的事可是刻不容缓呀！”

师徒俩都是一副恍然大悟的表情，急急忙忙收拾好东西，似乎想跟我告别之后就走。哼！你们知道那么多事情，我还有很多问题问你们呢，

别想甩开我！

我立刻叫住他们："等一下！你们缺不缺女佣？"

两人马上举了诸多借口来表示他们自己照顾自己已经足够了。

别以为这样我就会放弃，不要小看女佣的毅力哦！我用力地跳到他们面前，正想给他们说明一下我的佣人之道，以此来"感动"他们时，突然身上掉下一样东西。

一看到那样东西，大法师先生脸色大变地抢在我前面把它捡起来，不敢相信地仔仔细细看了一遍。

"是她……是她！"

我从来没见过一个大魔导师这么激动，想必伊利亚特也一样，因为魔法的使用是讲究魔法能量和精神力的，一个成功的魔法师必须有稳定而冷静的精神控制力，所以级别越高的魔法师精神力越强大，能让像特拉维帝斯这样顶级的大法师激动莫名的东西一定非同小可。

不过，我看了看大法师拿到我眼前的东西。咦？是那个扫大街的老婆婆掉下的小梳子嘛！

大法师先生激动地问我："她在哪里？告诉我！她现在在哪里？"

怎么问得这么没头没尾，我哪知道他说的是不是那个扫大街的老婆婆？毕竟“给最美丽的小可爱”和那怪物一般的臭脾气老太婆差太多了。

“只要你告诉我，我愿意把我所学的倾囊相授，至于以你的天资能不能学得会，就不关我的事了。”

不顾伊利亚特的惊呼，他连世间魔法师梦寐以求的条件都轻易许诺。由种种迹象推断，这里面大概是牵扯到一些情情爱爱的陈年旧事。

我才不稀罕呢，我只想好好做我的女佣。对于我的这一想法，他们目瞪口呆地看了我好一会儿，才答应雇我做女佣。

得知小奇很可能还活着，再加上工作又有着落，我意气风发地随着伊利亚特在红炎城中四处寻找魔法元素异常的集结处。至于那个心系“最美丽的小可爱”的特拉维帝斯大法师，则一刻也待不下地去找所有扫大街的老婆婆。真不知道他当年是用什么样的标准来定义“最美丽的小可爱”？太难以想象了！

至于我身体的异常，在乔得罗先生有一本以前做实验的笔记中“把人改装成魔兽”的部分提过，具体内容我不太记得，只知道魔兽或魔族的内脏和血在人类的身上会互相排斥，人类的身体

能完全适应异族器官的万中无一，因此，体内有异族器官的人，会有各种异常的反应，其副作用甚至可以改变一个人的性情和外型，尤其是魔兽和魔族，排斥反应可以严重到置人于死地。

现在我身体的这种现象还算轻的了。身体里有魔性气息，难怪卡拉奇老师会误认为我是魔族。这下好了，魔族女佣身份确认为假，只剩下暗黑女佣了。

第8章

登基大典

无论如何，私奔的莱因司大公主出现在这里总是令人惊讶，更别说她会认不出自己的亲弟弟，这几个似乎想遮掩格兰特身份不让人发现的人，如我所愿地吓了一跳，吃惊地望向我所指的方向。我赶紧抓住机会用女佣特训出来的眼力和腕力快速无比地一把“钳住”那疑似格兰特的人之手拉了过来。

第八章 登基大典

我跟着伊利亚特在红炎城中四处巡查，他是用一个奇怪的仪器再加上咒语来检测大气中魔法元素的比例，每次看到结果都皱眉头，可是我觉得与其用那个我看也看不懂、过程又复杂的方法，还不如用我的老办法寻找元素之力；虽然准确性“有点”低，失误率“有点”高。

期间我们好几次遇到缇拉蒂娜小姐，每一次她都跟一个高大男子在一起。那男子五官端正，还算得上英俊，腰挂一把镶着灰色魔法石、很可能是神器的长剑，颇为威武，只是眼神闪烁不定，似乎在算计着什么。

本来也没什么，只是我原本是缇拉蒂娜小姐“请”回来的人，不但不领情地连夜逃跑，还公然在大街上晃来晃去，这本身就已经触犯到红炎城城主千金的权威了；因此一遇到大小姐，被连累的伊利亚特就不得不迎战拥有召唤兽的城主千金和武艺高强的剑客。

身为举世闻名的大法师徒弟，对付他们原本不是什么难题，问题在于对方不但是娇滴滴的女孩子，还是城主之女；所谓强龙不压地头蛇，因此，尽管对方毫不留情地要我们的命，还是不可以伤她一根汗毛。可想而知伊利亚特有多头大了！

可怜的伊利亚特被我害惨了，我有点内疚地看着伊利亚特满头大汗地招架缇拉蒂娜大小姐和剑客高绝的剑术和密集的魔法攻击。

这次缇拉蒂娜小姐还多带了几个武力颇高的剑士，情况更是危急。

而缇拉蒂娜小姐还嫌伊利亚特不够惨地开始召唤她那只火系召唤兽了，每次看到它，我就会想起下落不明的小奇。呜呜……

虽然大法师他们叮嘱过我不可在大庭广众之下施展暗黑魔法，以免成为众矢之的，可是我身为女佣，怎么可以看到雇主因为我的缘故身处险境而袖手旁观呢？如果我再不出手，就连佣人之神也不会原谅我！

可是我万万没想到这条街的地下居然直通西之大陆最大的古战场“埋骨之地”，那里自古以来就是兵家的必争之地，现在也时常被几个大国头破血流地争来抢去，可想而知那里掩埋了多少

尸体。

千百年来堆积的尸骨在地下蠢蠢欲动，当时的我只是很奇怪怎么这次耗费了几乎全部的魔法力都好像不够似的毫无动静……没办法，要做就做到底，拼上女佣的荣誉，我一定要让他们出来为伊利亚特解围！

既然我的魔法力不够，好，把魔剑拿出来。魔法学院教过，不管什么样的魔导器，或多或少都有增幅的功能，其中魔杖就是专门增幅魔力的魔导器。我也不清楚这把魔剑能把我的魔力增幅多少，但它的确也算是一把可以增幅的魔导器。

造成后来的局面的另一个原因，是我把它插到地下时做了一个错误的估计，我以为它不是专门增幅的魔杖，也许发动全部能量也不一定能让这个魔法成功，结果是我小看了这把魔剑的威力。从红炎城到“埋骨之地”，成千上万破土而出的死尸造成西之大陆居民的极大恐慌，浩浩荡荡的白骨大军在光天化日之下朝红炎城集结；顿时，精神崩溃的尖叫声成为红炎城路上惟一的声响。

我目瞪口呆地看着漫山遍野的死尸挤满了红炎城，更严重的似乎还有更多尸体等着从地下钻出，只不过头顶早已站满了同类；而地底下发出的吓死人的幽幽喊声更让很多正常人承受不住。

“快点呀！上面的让一让，我要出去……”

我该怎么办？解围是解围了，可是我做得好像有那么一点点过火。

“愣着干什么？快跑！”伊利亚特先反应过来，拉着我就跑。

看着周围媲美“惊声尖叫”的场面，我一面跑一面冒冷汗。

我不知道的是，如果我晚一点出手，为了救我而来到红炎城的老大他们就会及时出手，结局就是对方见我们人多势众乖乖撤退这样一个平静的结局。

唉！我只能说，霉运来了，挡都挡不住……

真的，逃出混乱的红炎城是轻而易举。因为正巧压在众尸头顶的城墙早就被亟欲享受“地面生活”的尸体们硬是用骨头撬开了，好厉害的执著！我们就这样轻轻松松离开了平时戒备森严、号称“武力之城”的红炎城，顾不上不知在哪里寻找扫大街的老婆婆的大法师，我们用平生最快的速度跑了出去，远远地把鬼哭狼嚎的红炎城抛在脑后。

伊利亚特一边跑，一边惊魂未定地说：“你那个魔法还要支撑多久？”

呃……这种情况一般都是看魔法的强度和施法者的魔法力投入数值而定，可是在增幅系数未知的魔剑的全力释放下就很难说了。

察言观色也是佣人家族必练功课，我偷偷瞄了一下他的脸色，决定选一个“无伤大雅”的答案告诉他：“嗯……很快魔法作用就会消失了。真的！”

伊利亚特用怀疑的目光看了看我故作轻松的点头模样，张了张嘴，最后什么话也没说。

在红炎城外的树林里，我们碰上一些同样也是从红炎城中逃出来的人，相同的遭遇，无形中把大伙儿拉近了几分。在休息和用餐中，大家都是心有余悸地谈论同一个话题——红炎城中引发的死尸大复活。每当这时，我和伊利亚特都很有默契地转过身去，做贼心虚地装睡。他们问得最多的问题，就是红炎城会变得怎样呢？我更是冒着冷汗拼命装睡。

对于我们下一步应该怎么办，伊利亚特说要去古鲁参观利马新王的登基大典。因为事前大法师曾经提过红炎城的下一站就是古鲁的登基大典，因此，我们要去古鲁等大法师与我们会合。

众人听到我们要去古鲁，大多数人纷纷表示他们原本也是要到古鲁，毕竟登基大典是难得一见的盛事。

人一多，话题也多。旅途中，我听到了不少消息。

一个雇佣兵的头头说："其实真正的登基大典早已在北之大陆那边举行过了，由于外界的人难以通过'北之走廊'，只有北之大陆的诸侯参加典礼，所以他们又在西之大陆这边举行一次，目的不外乎对外展示利马国力，建立新王的威信。这次东西大陆的各国使节齐聚古鲁，大大增加了我们的工作机会。呵呵，我们的出头之日不远了。"这头头叫吉姆，年纪不大，虽然相貌丑陋，可是虎背熊腰、肌肉发达，看起来是个力大无穷的战士。

自称是"肯贝克商业联盟"商队中的一个伯伯也笑道：

"比起你们，我们商人对此行更加期待，公告说典礼期间所有的商品都打八折呢！我看东西大陆几乎所有的商人都会闻讯赶来抢购，这可是赚钱的大好机会，我可不想错过。"

大家都抱着快乐的情绪朝肯贝克与原雷索里的边境前进。唉！表姐说马纳塞斯先生在古鲁，不知道是不是真的？但愿能找到他，替我解开失忆之谜，也希望大伯和曾祖父逃到古鲁——这么

多达官贵人齐聚古鲁，乞丐也该知道往哪儿走了。

可是当我们到达肯贝克边境关卡时，竟然出了问题。据说，前一天有人强行通过关卡，阻拦的士兵死的死、伤的伤，整个边境关卡全部瘫痪，现在还在恢复中，所以这几天暂停开放关卡。一时间，小小的边境小镇被焦急等待开放关卡的人们挤得爆满。

大伙儿都很着急不知道赶不赶得上古鲁的登基大典，可是在这种情况下也只能乖乖地找个地方等下去。

我们走进一家拥挤的小酒店，刚坐下来，就听到有人高声说话。

“哇！我亲眼看见这么多恐怖的骷髅在大白天出现，还肆无忌惮地杀人呢！整个村子都没有一个活人，我看不下去了，就拔出我的这把战刀。哼哼！这可不是普通的战刀，同市面上那些假冒的货色不一样，真正是矮人族制造的精品。哗！我手起刀落，一刀一个，把这些灭绝人性的死尸杀个落花流水……”

听到这里，我再也忍不住地拍案而起。“你胡说！他们根本不会乱杀人！”

那人轻蔑地看了我一眼，“谁都知道那些被暗黑法师操纵的死人是见人就杀的！小丫头没见过世面，就不要信口雌黄，你有什么证据吗？”

“我当然有，因为就是我……”我理直气壮地说到这里就说不下去了。

是的，是我把这些永远沉睡的人唤醒的，可是我没来得及给他们下任何指令就被当时的场面吓呆了。换言之，这些看起来吓人的死尸只是出来晒晒太阳、散散步而已，施法者没有给他们下攻击或杀人的命令，他们是不会伤害人的，最大的危害也就是吓吓周围的活人，制造几声尖叫罢了。可是这些我都不能说，我怎么能在大庭广众下承认我就是那个把红炎城暂时变成鬼城的罪魁祸首，所以我很清楚那些骷髅没有我的命令是不会杀人的呢？

（作者：谁会相信那些模样恐怖的死尸只是出来晒晒太阳？不过，也只有“猪脚”才会做这种事，以后真的不能用常理来推断“猪脚”的所作所为。）

伊利亚特已经满头大汗的在底下使劲地扯我了，那高谈阔论的人见我语塞，更是得意地嘲笑我。

“怎么样，说不出来了吧？我这些都是亲身经历，小丫头没见识就不要乱出头，还是回家找个人嫁了吧！哈哈哈……”

我气急了，可是一想到说出真相的结果会带给大家麻烦，甚至会破坏雇我的主人的声誉——一般人会认为跟暗黑女佣在一起的也不是什么好人，我就忍气吞声地坐下来，死命地喝一大杯冰果汁来降火。

突然一阵熟悉的轻笑声夹杂在众人的哄堂大笑中钻进我的耳朵，我火大地转头四处张望，却没发现什么熟悉的面孔，惟一可疑的只有墙角一桌坐着的一个披着斗篷的家伙，可惜那大大的斗篷盖住了脸，看不到他长什么样子。

根据我女佣的眼光观察，他喝水的动作好像一个人，那个人也总是会在喝水之前不自觉地逆时针转转杯子……对了！就是他！他应该是要去古鲁参加登基大典的，可是他没必要藏头缩尾的呀！

我越想越奇怪，忍不住跟正在看最新一期大陆公报的伊利亚特说一声就朝那桌走过去，怪异的是那桌的人见我走过来，居然出现戒备的表情。

有古怪！我越想越觉得不对劲，“他”的坐姿怎么看都不太自然，对普通人来说他的姿势也许没什么，可是在一个女佣的眼里却觉得不寻常，因为“他”出身王室，绝不可能像一个粗俗的大叔一样不雅地一只脚踩在凳子上。要是在以前，我也许会傻傻地上前就说“格兰特，你在干吗？”，可是随着年岁和阅历的增多，我知道做事之前应该要考虑一下，凭他的奸诈，不会无缘无故做这种反常的动作。他想向我暗示什么？

当我走到那一桌人的跟前时，那些人全站起来说要走了。那估计是格兰特的家伙也慢腾腾地跟着他们往外走。怎么办？虽然这家伙强抢良家精灵，利用亲姐姐，实在不是什么好人，可是好歹相识一场，我怎么能袖手旁观呢？

眼看他们就要走出酒店门口，我情急之下大喊：“啊！埃米莉公主？”

无论如何，私奔的莱因司大公主出现在这里总是令人惊讶，更别说她会认不出自己的亲弟弟，这几个似乎想遮掩格兰特身份不让人发现的人，如我所愿地吓了一跳，吃惊地望向我所指的方向。我赶紧抓住机会用女佣特训出来的眼力和腕力快速无比地一把“钳住”那疑似格兰特的人之手拉了过来。

之所以说钳住而不是抓住，是因为当时为了成为莱因哈特大法师的女佣所做的特训之一，是要在很短的时间内空手把在锅中滚烫的一种体积很小的魔法药剂原料钳出来，所以必须要有瞄准

一瞬间的眼力和钳力，否则就会被烫伤。唉！当年为了练这一招不知道受了多少苦，想不到第一次使用竟然是用来抢男人。

不过那些人也不是等闲之辈，我一动他们就立刻反应过来，其中一个瘦小的人行动更是迅速无比，一眨眼就抓住了“人质”的另一只手，我又不能松手。眼看一场惨无人道的拉锯战就要发生，一个体型庞大像是喝醉酒的巨汉突然踉踉跄跄地向瘦小人那边倒去，哦，是雇佣兵团的吉姆，他来帮我了！

面对泰山压顶似的“人肉压扁机”，那人不由得松了手劲。好机会！我一使劲，就把那个“格兰特”拉了过来，趁吉姆装醉纠缠他们的时候，拔腿就跑。

刚冲出门口，只听身后轰的一声巨响，漫天烟尘呛得人睁不开眼；待烟雾散尽，一把寒光闪闪的匕首已抵住我的咽喉。

一睁开眼就要毫无心理准备地面对倒塌的小酒店和突如其来的死亡威胁，让我一时间反应不过来。就那么一眨眼工夫，他们就弄倒了酒店，还神不知鬼不觉地来到我身前用刀指着我的喉咙？太厉害了！

我还在毫无危机感地佩服敌人的行动力时，

那拿着凶器顶着我的人冷哼一声。

“谁教你多管闲事，怨不得我！”他说完便要把那锋利的匕首送进我的喉咙。

完蛋了！我只不过是“牵”了你们的“货”而已，不高兴还你们就是了，不至于要杀人吧？我才十六岁，还是个有理想、有抱负的未成年人，你们不应该这么对待一个有前途的女佣。呜呜……可怜的我，连恋爱都还没有谈过。

就在我万念俱灰时，突然一阵狂风从天而降，竟把只剩残砖烂瓦的酒店和附近的一座建筑物卷到了半空中，精准无比地落到我们的敌人身上。我感激涕零地松了一口气，小命是保住了，只不过因离得太近而沾了一身灰。谢天谢地！

那些难缠的人好像觉得太引人注目，总算消失了。

我满怀感激和钦佩地看向救命恩人，伊利亚特在后方微笑着向我挥挥手。

不愧是魔法界泰斗的助手，关键时刻一招决胜负。

话说回来，为什么会有一大堆杀气腾腾、手执武器的士兵和挥舞着锄头的工人向这边冲过来？除了已经报废的酒店外，包括在那阵高明至极的风系魔法席卷下的东西中的那座建筑物怎么

有点眼熟？

我倒抽一口冷气。不会吧？这“残骸”好像就是……不，根本就是快要竣工的边境关卡。

我们好像激起了公愤，几乎每个同伴脸上都出现一条条黑线和不断滑下的冷汗，除了逃命之外，似乎没有其他的路可走了。

命运坎坷的肯贝克边境关卡，不知道被哪一路大神看不顺眼，刚刚被人摧毁后不久，在即将竣工之际又再次成为一堆无用的泥土，这次摧毁得更彻底。专家检查后做出判断，此关卡已彻底报废，不可能再重建了。

可怜！

在全边境小镇人民的集体追杀下，我们狼狈不堪地逃出了肯贝克边境，多亏了伊利亚特一路上的魔法加速，我们才能安然无恙地离开那里。大伙儿气喘吁吁地瘫倒在地上休息，然后从伊利亚特开始，大家一个接一个地训我。

“你看你惹出多大的祸！你只是个女佣，做好你本职工作就好了，干吗多管闲事？”

“做事前先考虑一下！哪些人不好惹，哪些人可以惹，你应该有个概念。”

“我看那些用帽子盖住脸的人不会善罢甘

休，以后肯定会来找我们的麻烦。我只是个商人，哪有能力对付这些厉害的敌人？说不定来个杀人灭口，毁尸灭迹。”

“还有，惹出了这么大的事，你叫我们怎么回肯贝克？我的家在肯贝克，我不能……”

我的头越垂越低，模模糊糊听见他们气得跳脚的声音。

“天哪！她居然睡着了？这还有天理吗？”

“她这是什么神经呀？这种人居然跟我一样是人类……”

“有生以来，我还是第一次想杀人……”

“噗哈哈哈……你们看！她在流口水……”

“无力……”

“我也是，突然不想生气了……”

于是就在我蒙蒙眬眬、半梦半醒之间，一场风波消弭于无形。

我一醒来，就奇怪地发现所有人都似笑非笑地看着我。怎么回事？大家看到我疑惑的脸，各自摇摇头回到行李旁收拾东西。那个好不容易抢过来、给我们带来大麻烦的人脱掉斗篷，果然是格兰特。奇怪的是，他居然暗地里叫我不要泄露他的身份。为什么？要知道我们大家为了救出

他，费了多大的工夫，他竟然要隐瞒真实身份，太说不过去了吧！

格兰特做贼似的神秘兮兮地耳语道："我是不得已的，你不知道我的两位王兄势力范围有多大，我可不能大意。"

是了，莱因司王室正轰轰烈烈地搞继承权争夺战，看他又是被绑架、又是小心翼翼的狼狈样子，八成是输给其他人了。所谓成王败寇，霎时我有点可怜他，尽管对他靠得这么近有点不自在，却也不忍心推开他。

雇佣兵团的团长吉姆突然像是发现了什么，警觉起来。"大家小心！有动静！"

雇佣兵们迅速做出反应，商人和我们则慢了一拍，等我们反应过来，已有数百个杀气腾腾的盗匪窜了出来。

这群盗匪不但数量众多，而且凶悍异常，厮杀起来像是不要命似的，就算是经验丰富的雇佣兵们也有些惧怕；看到战况有些吃紧，我也想冲上去助一臂之力，但一个商人老伯拉住我。

"不要冲动！情况有些不对劲，像你这样的小姑娘冲上去只是白白送死。"

看到我疑惑的样子，他耐心地给我解释："这几天盗匪出现的次数太多了，以前这一带并没有这么多的盗匪，就要靠近古鲁了，利马强悍的军队怎么会容许这么多盗匪横行？我看这些盗匪不简单。别怪我多嘴，小姑娘年纪轻轻，就算你武艺多好，经验和杀人的技巧还是比不上雇佣兵，还不如在后方做一些能力所及的事。”

虽然他的话有些瞧不起人，不过听他这么一说，我也觉得有些不对劲。

这时，在众目睽睽下，一个盗匪的头被砍断了，居然像没事的人一样继续攻击！这骇人的一幕使得本来以为又干掉一个敌人的雇佣兵瞬间忘记反应，但总算多年徘徊在生死战场的经历及时让他本能地偏了偏，才没有死于刀下……咦？仔细看之下才发现那根本不是兵器类的刀，竟然是柴刀！

慢着！看他们的衣着和体格，哪里像打家劫舍的盗匪，如果我的女佣眼力没有骗我的话，这些狂暴得不像人类的盗匪实际上竟是……

“村民？”我难以置信地脱口而出。

旁边的格兰特懒洋洋地说：“你终于还是发现了。”

这么说他早就发觉了？这个奸猾之徒居然吭也不吭！我有些恼火地瞪他。

他马上嬉皮笑脸地说：“伊利莎，我是在思

考一件很奇怪的事，你觉不觉得最近天气的变化很异常？就拿那些经常闹水灾的临海小国来说吧，已经好几个月没下雨了，上个月在贝蒙多还频频出现日食，种种天变异象已经让很多人相信灾难就要降临了。我们所遇到的敌人越来越残暴，再加上今天出现的这些不怕伤痛的村民，他们的眼中充满杀意，看不到一丝人性，如果我们以后遇到的都是这样的村民盗匪的话，我有预感，整个大陆，甚至整个人类都要大难临头了！”

我看着他隐隐透着寒意的笑脸，猛地惊醒道：“这么说，能够使天气变化异常、普通的平民变得犹如狂战士一样杀人不眨眼的……只有魔法才能办到！难道有什么人正在对整个大陆施展一个我们前所未见的终极魔法？”

格兰特耸耸肩，用一种无所谓的表情道：“不排除这种可能性。”

看到他对人类毫不关心的态度，瞬间一种想扁人的念头出现在我脑海里，随即便被那惊人的猜测盖住。如果这个可能性是真的的话，那么包括我们在内的全人类将有一场无法抵御的灾难。

一时间，无数想法闪过，我们大家会死吗？人类会变成什么样子？我们的存在、我们的理

伊利亚特（特拉维帝斯大法师的徒弟）

一股突如其来的强大魔法波动把我吓了一跳，众人一阵欢呼，是伊利亚特。

他的魔法终于完成了！谢天谢地！刚好赶得及对付飞龙的龙焰。

伊利亚特释放的魔法像流星一样地冲向龙焰，不负众望地把还没有成形的龙焰抵挡在半空中，不愧是第一魔法师的爱徒，居然可以抵挡飞龙的必杀攻击，将来肯定是大人物！哇！这么说来，我不是又做了大人物的女佣了？我的女佣记录又添上了辉煌的一笔。

想，将会变得毫无意义……可是，这只是一种可能性罢了，我可是要成就大业的女佣，还没到绝望的时候，怎么可以有这么泄气的念头？多没志气！

回过神来的我，发现自己被人扯着手。

“快跑！”格兰特回过头说。

呃？我们败了吗？我一面被他拉着跑，一面东张西望。

盗匪们还在追击我们，可是雇佣兵们没有跟他们恋战，大家逃命般地后退。怎么回事？还有跟他们周旋的余地呀，为什么退得这么快？为什么连伊利亚特这个见惯风浪的大法师亲传弟子，竟然也面露忧色地一边退一边望向天空？

天上有什么？我不禁抬头往上看。

一阵令我头皮发麻的吼声震得大地都在摇晃。

妈呀！是龙！真是屋漏偏逢连阴雨……

清远嘹亮的龙吼声在我们上方缭绕，后面追赶的是犹如狂战士一般的疯狂村民，大家的眼光都集中到满头大汗的伊利亚特身上。

名声赫赫的特拉维帝斯大法师的弟子是被公认为这群人中最强的，一边是任何刀剑和魔法都无效的龙，一边是不要命的狂化村民，没有一个

人想要与这么强大的敌人抗衡，所有人的希望都集中到伊利亚特身上。

伊利亚特脸色苍白地在集中精神，大家自动地围起来为他守护，看他吃力的样子，一定是要使用很厉害的魔法，可惜偏偏在这个时候震耳的龙吼声接近了；大伙儿一片恐慌，虽然明知无用，还是绝望地一边祈祷一边拿出身边所有可以当武器的东西，希望可以在龙爪下幸存。

我也算是和龙打过几次交道，所以比其他人镇定，脑子一闪，想起了克拉德，克拉德似乎和龙有不小的渊源；既然如此，反正也没办法了，不如试一试。

我朝天空中冲下来的龙喊道："喂！这位飞龙大哥，你认识克拉德吗？我是他的朋友，我很久没有见到他了，请问你有他的消息吗？"

所有人都呆住，在大家战战兢兢的时刻，我居然胆大包天地向龙打听消息。

一个雇佣兵大力地拉住我，"你不要命了？"

可是飞龙对这个名字毫无反应，反而更加变本加厉地向下俯冲。

眼尖的人看到龙的口鼻处冒起阵阵黑烟，大惊失色。

"龙焰！"

众人一听，吓得魂飞魄散，恨不得爹娘多生两只脚般地四下逃窜。

即便是我这个对魔法界孤陋寡闻的人也知道，龙焰是高等级的龙特有的必杀绝技，据说，其温度之高，足以与地心熔岩相提并论，所过之处，就连最坚硬的花岗岩也会在瞬间被熔掉。最可怕的是，越高级的龙，龙焰的强度和作用范围就越大。历史上就有过一只高级巨龙只用了一口龙焰，就把一座城市化为乌有的记录。

所幸龙焰的强度和范围越大，相对的所耗费的能量就越多，要吐第二次龙焰也困难得多，而龙是一种自尊心相当强的生物，如果没有充足的理由，是不会对在龙族眼里弱小得不堪一击的人类施放龙焰的。

想到这里，我心中一动，正要开口，格兰特早已抢先一步喊道：

“是谁触怒了龙？快点站出来说清楚！要不然大家都难逃一死！”

所有人都立刻飞快地回想最近做过的事，突然几声惨叫接连不断地响起，原来后面的追兵杀上来了。几个首当其冲的人在措手不及的情况下惨遭杀害，其中大部分都是雇佣兵团的人。

只听周围的人惊叫：“狂战士！”

又有一批狂战士来攻击我们吗？我连忙收回目光，转头一看，正在狂化的竟然是团长吉姆。悲痛于团员之死的团长，显露出他不为人知的狂战士身份。

幸好不是又多了一群狂战士敌人，我放心地继续思索刚才的问题。有没有什么办法可以逃出这里？快点想呀，糟糕，没有时间了……

一股突如其来的强大魔法波动把我吓了一跳，众人一阵欢呼，是伊利亚特。

他的魔法终于完成了！谢天谢地！刚好赶得及对付飞龙的龙焰。

伊利亚特释放的魔法像流星一样地冲向龙焰，不负众望地把还没有成形的龙焰抵挡在半空中，不愧是第一魔法师的爱徒，居然可以抵挡飞龙的必杀攻击，将来肯定是大人物！哇！这么说来，我不是又做了大人物的女佣了？我的女佣记录又添上了辉煌的一笔。

还没感动完，却发现龙焰虽然是挡住了，可是两相冲击造成的灼热火花却四下飞散，看到有些躲闪不及的人惨叫着被活活烧死，我既害怕又气愤；最让我心头火起的是，与飞龙对峙的伊利亚特脸色惨白地吐了一口血。

可恶！伊利亚特现在可是我伊利莎的雇主之

一，在我这佣人精英的眼皮子底下，竟敢把他搞得吐血！岂有此理！佣人家族中对我寄予厚望的长辈们一定会对我很失望，我的职业尊严，还有我的佣人信用都被踩到了脚底，我光明的前途和本来可以成为佣人界伟人的辉煌人生就这么被抹黑了！呜呜呜，我绝不原谅！

一股怒气直冲脑门，却无处宣泄，在我气得迷迷糊糊的时候，心中有什么东西爆炸了，等我回过神来时，却看见大家面露惧色的远远盯着我，那表情就像……就像看见了怪物！发生了什么事？我转头想问旁边的格兰特，却发现他也是一脸惊呆的表情指着我，半天说不出话来。

怎么都没有人来给我说明一下这是怎么回事？我急急地扯着格兰特的手问："龙呢？龙在哪里？大家都没事，是不是龙终于被伊利亚特打跑了？难怪伊利亚特倒在那里，一定是与龙大战大伤元气，好佩服哦，我的雇主竟然可以战胜龙，回去可以跟老妈炫耀了。对了，差点忘了我的职责，得赶快过去照顾他……"

"你不能过去。"一直不出声的格兰特突然拉住我，"快跑！"

我一头雾水地一边跟着他跑一边回头，还没

来得及看清楚，一块石头已迎面打过来，同行多日的人们居然用冰冷的目光看着我。

“骗子！原来你是魔族！”

呜呜，我才不是魔族！为什么大家突然改变态度？为什么他们要敌视我？

想起这些日子的点点滴滴，本来应该可以躲避的石头不知为何轻易打中了我，虽然不是很痛，可是眼泪却不停地涌出。不行！连原因都还不知道，我怎么可以这么轻易认输？

我强忍住眼泪问格兰特：“到底是怎么一回事？”

格兰特突然停住脚步。

我抬头一看，古鲁就在眼前，我们的目的地终于到了。

“看来你是真的什么也不知道。”格兰特叹了口气，“喏，那边有条小溪，你走到那里就明白了。唉！在进城参加登基大典前，想想办法吧！否则我们绝对会被人杀死的。”

有这么严重呀？我半信半疑地走到溪边。

嗬！水中倒映着一个青色的，皮肤上有裂痕，还隐隐有着鳞片痕迹的怪人，这特征任谁都知道，是魔族！

霎时，我的脑子一片空白。

第9章

魔剑先生

那些吓破了胆的人和魔族发现了我的异状，都战战兢兢地停了下来，那个剩下的魔族可能认为这是惟一的反击机会，可惜还没冲到眼前就被魔剑砍倒了；让我震惊的是，魔族竟然会有这么悲壮而满怀希望的表情，这是我从没想过的事，魔族也会像人类一样充满感情。

第九章 魔剑先生

我究竟是什么人？从一出生到现在，我从来没有怀疑过自己的身份，可是面对水中无情的事实，我开始动摇了。我的家人毫无疑问都是普通人，难不成我还有像吟游诗人口中的命运英雄一般有着出身不凡被人收养的曲折离奇身世？如果我不是人类的话，天下之大，哪里有我的容身之处？惨了，我这副尊容，一辈子都嫁不出去了。

不行！我是女佣，不可以这么软弱。

脑子里乱糟糟的，我甩甩头，试图让自己平静下来恢复女佣的风范，可是一点效果也没有。

格兰特走过来说："我真没想到你竟有这样的实力！当时火星四散，你的脸色渐渐地不对劲，我离你很近，感觉到你身上的气越来越强，就像突变一样，你的气瞬间提升到一个大大超出你界限的层次；就在我以为你的提升到此为止时，你不知从哪儿抽出一把气度非凡的剑，这时你的气又突然暴涨到我无法想像的地步，不止是我和周围的人，就连那条龙都感受到你身上强大的能量。”

见我一副没有真实感的样子，他又说：“补充一句，你当时所表现的强大已经超出了我所见过的人类水准。”他瞄了我一眼，“你连声音都变了。”

“什么？”我抱头哀号。“完了，我的女佣生涯！谁能忍受这么难听的声音？呜呜呜，我将来会变成只能依靠政府救济金的永久失业人口……”

格兰特不合时宜地咳两声，“你的逻辑真奇怪……咦？明知道你是这种人，为什么我还会惊讶？虽然问题的重点不在这里，不过，看在你救我一命的份上，如果真的没有人雇你，你就来我这里当女佣吧……哇！不要突然扑过来！”

就在我感动莫名的时候，一阵急促的马蹄声越来越近。

这副模样可不能让别人看到，我连忙爬起来，拉起灰头土脸的格兰特躲到一旁的草丛里。

疾驰的人影一晃而过，我钻出草丛，疑惑地看着那群人马消失的方向，其中的一个人影有点眼熟，会不会是索罗斯？

格兰特拍拍身上的泥土道：“你这女人真粗

鲁……对了，我还没跟你说那条龙后来怎么样……”

话还没说完，只听轰隆巨响，我吓了一跳，这声音对我这个在雷索里……不，古鲁土生土长的本地人来说，再熟悉不过了。

“城门关了。”我哭丧着脸告诉格兰特。

格兰特愣了一下，一点失望的样子也没有。“也好，我早就觉得利马这次的登基大典有问题，以我现在的处境来看，根本没有本钱去与他们周旋；再说，你现在这副模样，不进去还安全些。”

可是这样的话，我上哪儿找马纳塞斯先生来解开我三年的记忆之谜？我怎么打听我的亲人下落？再说，我也想见识一下登基大典的盛况呀。

我正在发愁时，从上游漂来一大堆东西转移了我的注意力，我正纳闷是谁这么没有公德心，乱丢垃圾污染水源；仔细一看，却吓了一跳！

原来那些“垃圾”竟是别人丢弃的兵器和血衣，更吓人的是其中竟然有一只还在微微发抖的胳膊。

我急忙拉着格兰特的手往上游跑，“发生了什么事？我们快去看看！可恶！到底是谁在搞大屠杀？”

格兰特点头赞同道：“是满可恶的，不知道死了多少人，还随便把别人的胳膊丢到水里。”

哇！还是第一次有人和我想的差不多耶！

（作者：竟然能跟得上“猪脚”的思路，搞不好他们真的是绝配！）

我敬佩万分地看着他，“就是！这可是附近最清澈美丽的小溪，不但是旅游休闲的好去处，还是情侣们约会的最佳选择；他们居然敢在景点这样搞，太缺德了！不过，你真不愧是王子，除了我家人之外，我还是头一次看到有人想的跟我这么接近，哦——这就叫知己吗？”

“不！这真的没什么值得荣幸的。”格兰特不自然地干笑几声，“这个话题还是不要继续比较好……啊，我们快到上游了。”

一到上游，我们就看见天空中魔法与召唤兽齐飞，地上鲜血共人物一色，横七竖八地都是残缺的尸体，战况激烈万分。

令我大吃一惊的是，其中一方青面獠牙、浑身长满鳞片，虽然只有两个人，等级也比较低，却是真真正正的魔族。

咦？我怎么知道他们是低等级魔族？人类对魔族的了解这么少，我怎么知道得这么清楚？慢着，头脑里好像有什么……

我的意识又模糊起来，蒙眬间我听到一个极为低沉沙哑的声音兴奋地说着话。

“好啊，又可以大战一场了。”

是谁在说话？

格兰特呢？他怎么跑得这么远？还有那些正在交战的人类和魔族，怎么都面露惧色地停了下来？

那两个魔族的牙齿喀喀作响，诚惶诚恐地跪下来道：

“大王……”

不会吧，魔神王来了？这么扯的事都让我遇上，完蛋了！

这念头刚闪过，其中一个魔族突然在猝不及防下被一击即中，血肉横飞，不可置信地倒下。

他道：“大王，为什么……对了，你……你不是大王……”

剩下的魔族也立刻省悟。

“是魔剑哈姆塔特！大王的兵器！相似的气息……可恶，我们弄错了。”

他们在说魔剑先生？可是，在这个世界上能手持魔剑的人只有一个……

我吃惊地得出结论：此刻一边狂笑一边不分敌我地杀戮的人竟是我！

眼前分不清是人类还是魔族的血肉横飞，一股寒意在我心中升起，既然这个杀人狂只能是我，那为什么我一点感觉都没有？

这个身体、这个声音，为什么这么熟悉而又陌生？在这个身体里的是谁？而我又是谁？

不知人群中是谁大喊了一声：“三年前的剑魔又回来了！”

人群顿时像炸开了锅似的逃开了。

我心中一动，他们说三年前？难道跟三年的空白记忆有关？等等，这么一来，不就变成了这么多人都可以证明我在三年前失去记忆时变成了一个毫无人性的杀人狂的结果？

我……我的女佣工作彻底完蛋了。天哪！让我死了吧！一想到这里，我就悲痛得头昏眼花。

那些吓破了胆的人和魔族发现了我的异状，都战战兢兢地停了下来，那个剩下的魔族可能认为这是惟一的反击机会，可惜还没冲到眼前就被魔剑砍倒了；让我震惊的是，魔族竟然会有这么悲壮而满怀希望的表情，这是我从没想过的事，魔族也会像人类一样充满感情。

似乎确认了什么，那临死的魔族突然露出无畏也无惧的微笑，“登基大典开始了，大王，确保登基大典能顺利进行的任务我做到了，可

惜……咳咳，我看不到大王您君临天下的那一天……呵呵，人类完了……”

砰的一声，看着那魔族的身躯倒下，我心中杂乱无章的感觉越来越强，有感动，有后悔，有无奈……

有人喊了什么，我没听清楚，那魔族的尸体突然爆炸开来，离他最近的我首当其冲，全身一阵火辣辣的疼痛。

此时我脑中闪过一个念头……啊，原来他们在喊“自爆”！

无边无际的黑暗中，一幕幕似曾相识的影像闪过，都是战斗、战斗、战斗……大部分的画面都是索罗斯与某个看不见相貌的人战斗的场景。这个索罗斯真是个好战分子，整天都在追求怎样变得更强，真想不通这个人的喜好，难道天天打来打去会比女佣工作有乐趣？

想到这里，眼前出现一个小房间的场景——

咦？马纳塞斯先生怎么会出现在这里？这到底是什么画面？我怎么会看见久寻不获的马纳塞斯先生？我正一头雾水的时候，马纳塞斯先生正对着某个我看不见的人说话。

“有一种单纯的分法把人分成三种，一种是好人，一种是坏人，还有一种是不好不坏的人，这世界上大多数都是第三种人，可是最不长命的也是第三种人。你想做哪种人，伊利莎？”

伊利莎？这么说我以某人为视角看到的画面……竟是我自己？这些画面都不在我的记忆里，难道是三年前的……

我如遭雷击，心神大乱，影像顿时模糊了，神智回到现实中，才发现周围的人又是恐惧又是仇恨地看着我，眼前一把泛着魔法光芒的剑指着我，我顺着魔法剑看过去，是索罗斯！

我差点跳起来，搞什么鬼！是这个世界疯了，还是我疯了？身为一个立志要站在佣人界顶点的女佣，怎么会浑身是血地面对以前是贵族、现在是通缉犯、未来可能会是国王的索罗斯战意汹汹的剑？

一个声音悄悄地说：“你真的是女佣吗？”

我火大地瞪了不但袖手旁观还偷偷出声的格兰特一眼，索罗斯接下来的话却吓了我一跳。

“剑魔，一段时间不见，你好像有点不同了……不论如何，我们还是照老样子开打吧！”

什么？他认识这个模样的我？难道……没等我惊讶完，索罗斯的剑已经劈头打了过来，又是那种讨厌的打法！我被他宛如一个魔法师和一个

剑客的同时攻击打得毫无还手之力。

索罗斯奇道：“怎么了？你的实力应该不只这样，拿出你那媲美魔兽的力量来。”他一边说着，一边毫不留情地攻向我的要害。

我心中一动，似乎可以从他的话里找到些什么来解释我身上的变化，可是索罗斯怒涛般的连击让我连思考的余地也没有，指望格兰特救我是不可能的；据说争权失败后，他被剥夺了祭司的头衔，一身的本领也全被废了。正当我想着会不会这么窝囊地被熟人杀死时，体内那股力量突然沸腾起来。

自身的意识渐渐消失，这时，突然感觉大地一震，一股强大无比的魔法力量从前方某一中心向外扩散开来，体内暴动的力量像是受到吸引一般流入地下；不但神清气爽，大脑顿时也清醒了，我惊喜地发现身上的裂纹渐渐消去。

耶！我激动地顺手抛掉魔剑，一使劲就把站在不远处的格兰特拉过来……更正，是拖过来，又跳又叫的。

一群人目瞪口呆地看着我的变化。

索罗斯更是恍然大悟地指着我，“你是……”

这时，就像条件满足、时机成熟般的，一阵

古老的吟唱声响彻大地，所有人，不分贫富贵贱，不分种族，都不由得停下来聆听这仿佛席卷整个大陆的魔法吟唱声。

所有人惊惶失措地感到魔法的作用流过身体，到底是什么样的力量可以造成作用于整个大陆上的魔法？到底是什么样的魔法可以作用在整个大陆的人身上？这么的压倒一切，这么的吞噬天地；这个世界上真的有神？

我放开格兰特，环顾四周，发现周围的人都是一副大难临头又不知为何的样子，每个人的心中都不约而同地出现一个念头：自己会不会死？

算了，我不是很在意地想，只要不是让我失业的魔法就好。

这突发的事件让在场的所有人都反应不过来呆立在原地。这时，近在眼前的古鲁城传来一声巨响，就算从城外看去，也可以看见爆炸造成的阵阵飞屑，可见这爆炸的威力之强。

接连发生两件突发事件，我的大脑已经完全停摆了。

我的眼睛不经意地一瞥，却看见索罗斯的脸上微微透出得色，顿时恍然大悟，原来是他为复国大业采取的行动。不过，就眼下这席卷天地的魔法来说——我不以为他能搞出这样惊世骇俗的

魔法——这样的爆炸不知有没有用？

我正呆呆地想着，耳边一个几乎快要贴上来的声音说——

“专门针对利马的掌权者加司特的爆炸，就算有魔法的保护，在猝不及防的情况下，这样的谋略手段，也可以是致命的呢！”

噏！我捂着耳朵，顾不得脸上发烧发烫，使劲把格兰特推开，虽然就女佣而言，这是很失礼的行为。

“你……你不要每次都靠得这么近说话，我的耳朵没问题。”

这个从来也没有像个王子样的前王子笑嘻嘻地也不解释，反而岔开话题道：“刚才的那阵魔法太惊人了，你有没有感到身体有什么不对劲？”

他这么一说，我也觉得很怪异。“是呀，我本来胸口一直有什么东西堵得慌，脑子时常迷迷糊糊的，可是刚才的那阵魔法作用后，那股郁闷之气竟然一扫而空，浑浑噩噩的大脑也清醒了。哈哈，搞不好这个魔法并不是什么坏东西呢……干吗那样看我？哦……呃，我……我是开玩笑的，并不是真的那么认为……”

一直盯着城内的索罗斯听到一声急促的响

箭，面色沉了下来。“他竟然没有死！”

听到他这么说，任谁都知道行动失败了。大家相识一场，我本想拍拍他的肩膀，没想到他竟然猛地把剑架在我的脖子上。

“说！你和加司特到底有什么关系？”

我吓了一大跳，这人怎么无缘无故就翻脸了？我只得老老实实地回答：“我做过一阵子他的女佣，你知道的。”冰凉的剑锋刺进我的皮肤，呜呜……一定流血了！我这是招谁惹谁了？

他的音调一点也没有变，“装蒜！他称呼为老师的那个黑魔法师就经常提到你，一个和他互相学习佣人之道和暗黑魔法的女佣！”

不会吧？我悲哀地猜想，那个人不会就是乔得罗先生吧？乔得罗先生竟然是加司特大人的老师？

那么跟乔得罗先生学魔法的我，不就是和加司特大人师出同门？

痛苦地看着我珍贵的血顺着索罗斯的剑滴下，我觉得我从来就没有这么倒霉过；而且这些血是我吃了多少食物才辛辛苦苦地造出来的呀！就这么流走了，真浪费。

（作者：居然有这种女人，这个时候还在想这么无聊的问题。）

从立下要成为史上最伟大女佣的终生志愿的那天开始，我就不断告诉自己，无论遇到什么情况都不可以惊惶失措，随时随地保持女佣的精明和风度，以热情燃烧自己，永远维持成熟稳重的仪表和作风；就算刚才索罗斯把剑架在我的脖子上，威胁要杀我时，我也没有大失水准，可是眼前这一刻发生的事情，让我差点惊声尖叫。

就在我苦苦思索怎么向索罗斯解释自己的清白时，周围的人中突然多了几只魔物，看见我大吃一惊的神色，正在威胁我的索罗斯不由得也转头去看。就这么一会儿工夫，我发现魔物的数量变多了。

奇怪，难道是我刚才看漏了？揉揉眼睛，不会吧？怎么变得更多了？我不敢相信地闭上眼睛，再睁开，噩！到处都是魔物！我们被魔物包围了。

变化发生在一瞬间。

我目瞪口呆地亲眼见证了仅存的几个人类变成魔物的过程，就连索罗斯也在颤抖。

马上，失去人性的魔物向我们扑过来。

妈呀！来不及多想，我一把扯过呆站的索罗斯，转身就跑。这时才发现，原来格兰特早就发现不妙，已跑到前面老远。

我暗骂一声奸诈，才跑两步，就发现平时怎么一个“强”字了得的索罗斯今天竟然连跑几步都很吃力。

这对正在逃命的我们来说简直是雪上加霜。

“啊——搞什么？”我险险避过身后的一爪，没有时间思考为什么一定要带前一刻要杀我而这一刻又拖累我的人，我只知道我不可以在这里被打倒。无论如何，我一定要实现我的梦想。

拼了！我使出十几年女佣地狱训练苦练出来的腰力和腿力，果断地背起索罗斯和他几十斤重的盔甲，咬咬牙，一口气朝格兰特越来越小的身影方向死命地往前冲。

因为角度关系，背上的索罗斯是什么表情我不知道，可是他却一直在不断地抵抗，可惜力道不够，没能从我背上挣脱下来；大概是觉得他堂堂一介高级贵族大男人，被他口中的“贱民”背负着保护着，觉得这种男女角色颠倒的情况难以接受吧。

没时间想东想西了，我死死憋着一股气，小心地避开地面的障碍物，还要留意不要让正在挣扎的“重物”掉下来，此时就连喘气都是一种困难。

即便如此，一个普通的人类女佣，还在有负

重的情况下，怎么跑得过天生就有某种身体优势的魔物？（有的魔物擅长防御，有的魔物擅长速度）。

身后的魔物气息越来越浓厚，我也越来越心惊胆战。怎么办，怎么办？我那缺氧的大脑却是一片空白，什么办法也没有。难道这一回我真的要死翘翘了？这样一个未来的佣人界伟人竟然要死了？神也太没眼光了！

（作者：自我膨胀到这种地步，确实是伟人……）

哼，求人求神不如求自己！虽然已是极限，但我还是一心一意地命令双脚，再快、再快……

奇异的事情发生了！从那非人类的心脏处泉涌出源源不绝的力量，与此时布满外界的魔法力量遥相呼应，我只觉身体一轻，呼吸也变得顺畅，不可思议地连背着索罗斯奔跑也变成一件轻松的事。

就在我们快要脱离险境时，旁边的树林中突然窜出几个看上去像刚从人变成的魔物，没有什么目的似地四处张望，我心里暗叫糟糕，和敌人距离太近，根本来不及躲避。

刚想完，他们就发现我了。泯灭人性的魔眼在我身上停留的一刹那，我的冷汗涔涔而下，后面追兵即至，前面又来敌人……呜呜呜，往哪儿跑啊？惨了！虽然这么想，但内心却很奇怪地怎么也生不起丝毫的危机感，难道我已经到了把生死置之度外的崇高境界？

慢着！他们没有杀气！我目瞪口呆地看着明明已经发现了我的魔物若无其事地擦身而过，害我还紧张了一下！虽然明白一定是我身上又发生了什么事，但时间不容我细想，背上背着的索罗斯发出的呻吟已经渐渐地脱离人类的声音；凭着女佣的习惯性思维，我根本想不出解决问题的办法，目前我能力所及的事只有跑，拼命地跑！

一路上，陆陆续续遇到不少变成魔物的人类，或者是还来不及变成魔物就被其他魔物杀死的人类，但我既不是英雄也不是伟人，我只是一介平凡女佣，只能救自己想救的人；强自压抑着不忍和发软的双腿，我转头绕过正在悲号的半人半兽，忽然肩上一痛，尖锐的利物深深地刺入我毫无防备的体内，最糟糕的事发生了。

我再也无力支撑背上的重量，跌在地上大口大口地喘着气，忍着肩上的剧痛转头；果然，索罗斯已经变成了魔兽。

这个完全陌生的生物取代了我熟悉的索罗斯，取代了魔法学院那个高傲的索罗斯，一想到

这里，惆怅的眼泪就伴随着肩上的疼痛往下落，肩上已经被咬得血肉模糊，我在疼痛中挣扎。

怎么办？要趁他刚变成魔兽神智不清时把他击毙吗？但他是索罗斯啊，大家相识一场，我怎么下得了手？可是，不还击的话，我会被咬死……好痛！不行，动手吧！可是我从来没有杀过人啊……

颤抖的手已经握紧魔剑，却迟迟没有递出去，疼痛越来越剧烈，失血过多的我意识开始模糊……不行，我不想死！

正要下定决心时，身后的压力突然消失，我一惊，连忙捂着伤口逃开，身后的景象让我半天说不出话来。

索罗斯变成的魔兽突然全身冒出黑烟，在诡异难闻的烟雾中，隐隐可以看出里面的魔兽体型在变化。

佣人家族的列祖列宗啊，他……他竟然慢慢变回人的样子。

虽然还不清楚这是怎么回事，但是一想到无论如何变回人总是一件好事，我那缺乏危机感的大脑也就不在意原因了。

没注意到索罗斯眼中一闪而过的利芒，我欢天喜地的上前扯着他。“太好了！你真走运啊，变成魔兽都可以变回来。”

索罗斯淡淡地看了我抓着他衣服的手一眼。

人家格兰特还是王子呢，也没见有像这个人一样的贵族病！我装作若无其事的把手收回来，转移话题道：“对了，你说我们现在应该怎么办？”

索罗斯沉吟了一下说：“现在我们才两个人，势单力孤，所以首先要壮大力量，寻找幸存者。”

令人泄气的是，因为那个不明原因的魔法力量，我们所见的人类全部变成了魔兽；都找了两天，还是一无所获。在自卫中，我们杀了不少魔兽，可是谁也不知道这些丧失人性的魔兽里面有没有自己的亲友，我的心情越来越沉重，幸好不久前又遇到了格兰特，虽然他那时丢下我一个人逃命，但时局这么混乱，我还是很担心他的安危。

见到他没事，我沉闷的心情总算好过了点。格兰特给我们带来一个不得了的消息，也就是远在红炎城的特拉维帝斯大法师找到了可能克制人类变成魔兽的方法。不愧是特拉维帝斯大法师，这样几乎要灭绝人类的厉害魔法，他居然这么快

就找到了克制之法。泰斗就是泰斗，虽然他说是“可能”，但我对大法师的魔法造诣有信心，这样一个站在魔法师金字塔塔尖的人物，“可能”就几乎等于“一定”。拯救人类这样的艰巨任务，就是要这样的大人物才担当得起，偶像啊！

不过见识了几次人性凉薄的我，在兴奋之余，总有一种“事情会这么顺利吗”的疑虑。带来消息的格兰特一如往常的嬉皮笑脸上又看不出什么担忧或不妥的表情，隐隐有不安的感觉一闪而过，我无暇顾及；现在这片大陆几乎成了魔兽的乐园，到处充满杀机，我只想快点到达幸存者所在的红炎城，那里有大法师在，有人类的希望在。

索罗斯和格兰特似乎本来就认识，两人眼里交换着我不懂的神色，我惊叹地看着，原来聪明人之间真的可以用目光交流。厉害！这样的情景不由得让我想起家里制定的女佣训练的最高境界——只要主人一个眼色或者小手指一动，甚至不用主人提醒，女佣马上能领会主人的意思。只有做到这种地步，才算是我们佣人家族满意的传人。

唉！可惜我其他的都还好，惟有这一项，始终达不到要求，老妈说是因为我心思太不灵巧了，像我这样粗心又神经大条的丫头，除非有像植物人苏醒这种程度的奇迹出现，我才有可能开窍。

格兰特突然转身抓住我的手，充满歉意地说："伊利莎，上次我丢下你一个人逃走，你不怪我吗？"

我连忙摇头，"不会不会，逃命重要嘛，这个很自然啊！对每一个人来说，自己的生命当然都是最重要的，我从来没想过要怪你。"

似乎有些不信，格兰特像是要看穿我的内心般直直地望向我的眼睛深处，虽然我问心无愧，但是被他两眼眨也不眨地看了片刻，也不禁有些不自然起来。

这时，索罗斯突然出声，吓了我一跳，让我松了口气的是他的打扰也顺便结束了格兰特令人窒息的凝视。

"王子殿下，我很好奇，是什么原因才使你幸免于这场把人类变成魔兽的魔法？"

对啊，他为什么没有变成魔兽？我竟然一直忽略了这个这么明显的问题。

格兰特神秘地一笑，"我好歹也是教会大国莱因司的王子，我们莱因司皇室总有些抵御魔法的道具……"说到这里，他忽然顿了顿，"不

过，皇室的东西嘛，对使用者不免有些很多人难以达到的特殊要求，比如说血统之类的。”

听到这里，我总觉得他还有些话没有说出来，但是拐弯抹角和揣测别人的心思实在不是我的所长，做声不得，我只好闷在一边，看索罗斯怎么应答；还没等到他开口，一种不妙的感觉突然升起，索罗斯也神情凝重地侧耳倾听，这时，就连我也感觉到地面那微微震动的声音。

大家互相对看了一眼，一个令人头皮发麻的推测浮现。

这样的震动，也许是地下有什么东西在运动，也许是地震的前兆……

更有可能发生的、也是最糟糕的推测是，也许在什么地方有大群的魔兽集合，正向这边行进……

"非凡盛卷书友会"会员 募集中……………

为感谢广大读者对"非凡盛卷"的厚爱与支持，在暑假期间推出购新书送大礼活动，让会员都有"**福**"哦！

您已经是"非凡盛卷书友会"的会员了吗？

如果您还不是，那么请快快加入我们的行列中来吧！

现在，您只需将"非凡盛卷书友会"读者回函卡填好并邮寄给我们，您即可成为"普通会员"，并有机会升级为"金卡会员"！

入会流程：

1、"普通会员"免费入会。如果您想成为"金卡会员"，只需每年汇寄71元会费，即享有"非凡盛卷书友会"为您提供的金质服务。

2、会费请通过邮局填单汇寄，请勿在信封中夹寄现金以免遗失。

3、为了使您尽快成为书友会的会员，请务必详实填写您的真实姓名及所在省市、县、街道、门牌号码和邮政编码等，且在汇款单附言里注明您的：联系电话、出生日期及性别(见下图)。

中国邮政普通汇款单（此单请向邮局柜台索取）

汇业001-2

邮局打印：汇票号码　汇款金额　汇费　手续费　交易日期　经办柜员

汇款方式　□现金—现金　□账户—现金　汇费及手续费支付方式　□现金　□账户扣收

回执方式　□投单回执　□短信回执　汇款人手机号码

客户填写：

收款人邮编 100088　收款人姓名 非凡盛卷

收款人地址 北京市100088信箱37分箱

汇款人姓名 ________　汇款人邮编 □□□□□□

汇款人地址 ________

汇出帐／卡号 ________

(帐户扣款金额1万元及以上填写) 汇款人证件 ________ 号码 ________

代办人姓名 ________ 证件 ________ 号码 ________

汇款金额（小写）							
拾	万	千	佰	拾	元	角	分

请把你们所要购买的产品清楚的写在这里（只能写30个字哦！）

事后监督：　复核柜员：　经办柜员：

会员福利：

1、普通会员：

a.当您向"非凡盛卷"购买"非凡奇幻"精品（书籍及周边产品）时，可享受8.5折优惠！并有机会参加"非凡盛卷"举办的书友联谊活动。

2、金卡会员：

a.当您向"非凡盛卷"购买"非凡奇幻"精品（书籍及周边产品）时，可享受7折最优惠的待遇。您在省下一大笔开支的同时，还能拿到最时尚、最HOT的图书和精品，太合算了！

b.另外金卡会员在过生日的时候，还会收到本公司提供的一份神秘礼物哦！

会员服务信箱：ff7171@sina.com　　投稿专用信箱：yen@ifnet.com.tw

“非凡盛卷书友会”会员须知

1、“非凡盛卷”会员：填写入会申请表时，还有其他需要注意的事项吗？

帆哥：在填写“非凡盛卷书友会”入会申请表（见：“非凡盛卷书友会”读者回函卡）时，请注意以下几点：

A、“姓名”一栏请填写您的真实姓名。为了及时准确核实您的会员资料，请勿填写笔名、网名或是英文名。

B、“通讯地址”一栏请详实填写您所在省、市（县）、区、路及门牌号，以避免因地址不详而致使书友会寄给您的信函遗失或被邮局退回。由于学校的地址不稳定，许多会员反映有丢失信件的现象，所以请您最好填写家庭地址或父母单位等较为保险的地址。

C、“QQ”“E-mail”“地址”和“电话”一栏请细心填写，以便俱乐部能及时与您联系并准确地将礼品送到您的手中。

2、“非凡盛卷”会员：很高兴收到了“非凡盛卷书友会”寄来的精美会员卡。会员卡中所注明的会员卡号（7位）、会员用户名（7位）和会员密码（8位）三个号码，是做什么用的？

菲姐：俱乐部按资料核实顺序给每位会员都编制了一个7位号码，号码的第一个英文字母代表会员的等级，所以会员编号应有7位。会员用户名是由读者自己在读者卡自行填写的，必须要和“非凡奇幻文学网”（www.ff71.com）正式注册的会员用户名相同。

3、“非凡盛卷”会员：我的密码丢失了，请问该怎样才能取回密码？

菲姐：有些会员因忘记密码或者密码被他人窃知，而无法享受在“非凡奇幻网”会员专区的若干功能，请会员们不用着急，您只需直接通过电话（010-82023248）或者E-MALL与我们的小编联系，当我们确认了您的姓名、地址等相关会员资料后，即会告之您的用户名现在所对应的密码，或者将其还原成原始密码。

4、“非凡盛卷”会员：现在我是会员，要邮购“非凡奇幻文学网”上面的东西怎么办？我应该按哪一种等级会员价汇过去？你们不会搞错吗？那邮购单的附言要怎么填写？

帆哥：例如**金卡会员**通过邮局汇款邮购“非凡奇幻”系列图书均可享受7折优惠。请您首先在“非凡奇幻文学网”的邮购目录里找到您想要的、且现在仍处于热销中的书籍，然后向邮局的工作人员领一张汇款单，填写完收件人、寄件人的相关资料后，再将您的需要的书名连同代表会员身份的会员编号填写在汇款单附栏里（如：《吸血的獠牙》①一本），最后，您把汇款单、书目定价的7折钱款+3元邮费交给邮局工作人员汇到**北京市100088信箱37分箱**即可。

非凡奇幻购书活动抢鲜报！

惊喜不断等您拿!!!

活动一：

为了赢得喜爱奇幻小说朋友们的喝彩，在非凡奇幻系列小说闪亮登场的第一时间，凡购买“非凡盛卷”第一波推出的8种书中的任何一本（见下图），便可随书获得价值18元的非凡魔法项链一份（与书价等值哦！）。挑灯夜读时，将它放入枕下，有意想不到的魔法哦！

送！送！送啦！

活动二：

凡收集《非凡奇幻》系列图书剪角**印花十枚**（见本书后勒口）、详细填写读者回函卡，任选下图的任何一款（请在读者资料上注明），邮寄到以下地址：

邮　　箱：北京市100088信箱37分箱

收 件 人：北京非凡盛卷文化艺术有限公司

邮　　编：100088

剪

剪印花够十枚

可换精美礼品

“非卖品哦”

SL-001 骷髅咒语

SL-002 魔兽流星

SL-003 狼堡银锭

SL-004 蓝豹魅影

SL-005 毒蜥之吻

SL-006 辣女追魂

SL-007 平安神符

SL-008 神龙霹雳

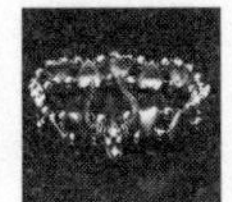

SL-009 心魔出世

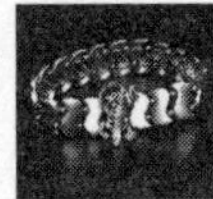

SL-010 鬼蝎烈焰

SL-011 魔王拱篱

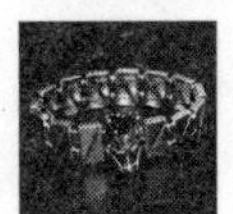

SL-012 龙界幽灵

您将会得到一件本年度最IN最HIGH的

“非凡奇幻魔法手链”

“戴着它有神奇魔法保佑你哦！”